Gwendy Teufel und Carola Lustig

Reifeprüfung 3.0 – Ein Neustart in den besten Jahren

Das Buch

Gerade fünfzig geworden und alles auf Anfang? Als die quirlige Carola herausfindet, dass ihr Mann sie betrügt, steigt sie aus der gemeinsamen Firma aus und fängt noch einmal von vorn an. Geht nicht gibt's nicht. So sucht sie ihr neues Glück auf unterschiedlichen Wegen: über Fortbildungskurse, eine Typveränderung, Dating-Apps und neue Bekanntschaften.

Doch es geht eben nicht mehr alles so einfach wie mit zwanzig. Da sind Zweifel, Hürden und Rückschläge. Gut, dass es ihre beste Freundin Gwendy gibt, die immer für Carola da ist – komme, was wolle. Die besonnene, esoterisch angehauchte Gwendy hilft gerne, auch wenn sie manchmal ganz besondere Ansätze hat.

Die Autorinnen

Carola Lustig und Gwendy Teufel sind auch im echten Leben Freundinnen und so, wie es aussieht, wird das wohl so bleiben. Sie sind beide fast Mitte fünfzig (also wirklich nur *fast*), wohnen in Hamburg und arbeiten dort freiberuflich als alles Mögliche, was mit Texten zu tun hat. Sie haben schon einige Bücher veröffentlicht, aber dieses hier ist das erste gemeinsame Werk, worüber sie sich sehr freuen.

Gwendy Teufel
Carola Lustig

Reifeprüfung 3.0

Ein Neustart in den besten Jahren

Deutsche Erstveröffentlichung bei
Topicus, Amazon Media EU S.à r.l.
38, avenue John F. Kennedy, L-1855 Luxembourg
Dezember 2020

Umschlaggestaltung: semper smile, München, www.sempersmile.de
Umschlagmotiv: © Yabresse / Shutterstock;
© one line man / Shutterstock; © Simple Line / Shutterstock
1. Lektorat: Marketa Görgen
2. Lektorat und Korrektorat: Rotkel Textwerkstatt
Gedruckt durch:
Amazon Distribution GmbH, Amazonstraße 1, 04347 Leipzig /
Canon Deutschland Business Services GmbH, Ferdinand-Jühlke-Str. 7,
99095 Erfurt /
CPI books GmbH, Birkstraße 10, 25917 Leck

ISBN: 978-2-49670-495-2

www.topicus-verlag.de

Inhalt

Prolog – der Anfang, das Ende

Es heißt ja so schön, jedem Anfang wohne ein neuer Zauber inne. Ich halte das für großen Bullshit. Vor jedem Anfang steht nämlich auch erst mal ein Ende, und das ist nach vierundzwanzig Ehejahren sicher nicht zwangsläufig »kurz und schmerzlos«. Noch so ein Euphemismus.

In meinem Fall war es vielleicht sogar kurz, aber ganz sicher nicht schmerzlos. Und das kam so: Es war an einem Freitagabend im Februar, als ich ein paar Sachen für die Reinigung zusammensuchte. Vor mir lagen zwei Kostüme, ein Hosenanzug, eine Blazer-Rock-Kombi und drei weiße Blusen, von meinem Mann Andreas hatte ich drei Sakkos rausgesucht. Wie man es eben so macht, griff ich noch einmal in sämtliche Taschen, um nicht am Ende dieses weiße Gekrissel aus dem Futter sammeln zu müssen, und da fand ich sie: eine Rechnung von Haslers in Oberhausen. Haslers ist das Viersternerestaurant, mit dem ich Andreas schon seit Jahren erfolglos in den Ohren lag. Ich wollte gern einmal dorthin ausgeführt werden. Meine große heimliche Hoffnung war, dass er zu unserer Silberhochzeit nächstes Jahr im Juni einen Tisch dort reservieren und mich endlich überraschen würde.

Danach sah es aber gerade nicht aus.

Die Rechnung war vom vergangenen Dienstag. Da war Andreas auf Kundenbesuch in Düsseldorf gewesen. Wir hatten erst überlegt, ob ich als Marketingleitung von Lustig*Media* mit ihm dorthin reisen sollte. Andreas war Inhaber dieses Ladens, den wir in den letzten zehn Jahren mehr oder minder gemeinsam aufgebaut hatten. Er hatte abgewunken und gemeint, ich solle lieber hier nach dem Rechten sehen, er werde erst mal ein Vieraugengespräch mit dem Kunden führen, das sei wohl besser.

Klar. Der Grund lag vor mir. Ein Blick auf die Rechnung erklärte mir sofort, warum das bestimmt besser gewesen war: zwei Vier-Gänge-Menüs, Champagner, eine Flasche Weißwein, zwei Flaschen Rotwein: 688 Euro. Bestimmt hatte er beim Trinkgeld nur auf siebenhundert Euro aufgerundet, denn im Grunde seines Herzens war Andreas geizig.

Ich starrte auf die Rechnung und musste gar nicht lange nachdenken. Ich zitterte nicht, meine Gedanken liefen nicht Amok. Ich war vielmehr stocksteif – wahrscheinlich der Schock – und wusste: Das war's. Wer jemanden so zum Essen ausführt und den Beleg achtlos in der Jackentasche vergisst, der ist fertig mit der Reinigungsfrau zu Hause.

Nach vierundzwanzig gemeinsamen Jahren und zwei erwachsenen Kindern sah ich die Ehe mit meinem Mann just in diesem Moment vollständig den Bach runtergehen.

Ich, Carola Lustig, Marketingleiterin in der Firma meines (Noch-)Ehemanns, wohnhaft in der Eigentumswohnung meines (Noch-)Ehemanns, sah ein großes, riesenhaftes Problem auf mich zurollen.

Knappe zwei Stunden hatte ich einfach starr auf dem Sofa gesessen und auf die Rückkehr meines Mannes gewartet, der freitags gern mit Kollegen Squash spielte. Es war halb acht und dunkel, als ich den Schlüssel im Schloss hörte.

»Hi!«, rief er aus dem Flur.

Da wurde ich doch fast sentimental. Das war ein Vierundzwanzig-Jahre-Hi, ein vertrautes Hi, ein Hi, dem ich entnehmen konnte, dass er mindestens zwei der fünf Sätze gewonnen hatte. Aber jetzt bloß nicht zusammenbrechen. »Hi!«, erwiderte ich.

Andreas kam ins Wohnzimmer und machte das Licht an. »Ist irgendwas? Warum sitzt du denn im Dunkeln?«

Ich sah ihn an und hielt ihm einfach die Rechnung hin.

Einen Moment lang sahen wir uns schweigend an. Dann kratzte er sich am Kopf. »Ach so. Das wollte ich dir schon länger sagen.«

Ach so. Das wollte ich dir schon länger sagen. Kein Rotwerden, kein Gestammel, kein Kniefall. Einfach: Ach so. Das wollte ich dir schon länger sagen.

Und das, was er mir schon länger sagen wollte, war Folgendes: Er habe Jasmin bei einem Workshop kennengelernt, den er zum Thema digitale Markenführung im September in Düsseldorf gegeben hatte. Sie sei Anwältin für Medienrecht und berate ein paar Agenturen, weswegen sie sich bereits ein paarmal über den Weg gelaufen seien, aber im September habe es dann »gefunkt«. Sie sei eine tolle Frau, er fühle sich so unendlich »lebendig« an ihrer Seite und sie beide hätten beschlossen, dass sie es »zusammen versuchen« wollten. Er sei ein Mann »in seinen besten Jahren« – Andreas war fünfundfünfzig –, und obwohl die Zeit mit mir natürlich »schön« gewesen sei, wolle er jetzt noch mal so richtig von vorn anfangen.

Abgesehen davon, wie viele Ohrfeigen in all diesen Sätzen steckten, konnte ich von mir nicht gerade sagen, dass ich mich wie »eine Frau in den besten Jahren« fühlte. Ich war dreiundfünfzig, hatte meine berufliche Karriere und meine persönliche

Entwicklung immer der Familie hintangestellt. Und obwohl ich weder hundertzwanzig Kilo wog noch Aknenarben im Gesicht hatte, fühlte ich mich weder besonders attraktiv noch durchströmte mich das Verlangen nach einem Neuanfang. Ich war eher so der Typ Frau, der im grauen Kostüm gut vorbereitet mit Laptop in ein Meeting geht, während die Kollegen – allesamt drei Minuten zu spät – sich suchend umdrehen und fragen: »Hat Carola gesagt, dass sie später kommt?« Ich war nicht so der Erste-Blick-Typ. Entsprechend fühlte ich mich genau so, wie ich da auf dem Sofa kauerte: sitzen gelassen!

Das war also der kurze Teil des Endes. Die Teile »schmerzlos« und »Zauber des Neuanfangs« ließen noch ein bisschen auf sich warten.

1 Ein bisschen was von Grace Kelly

»Na endlich! Darauf müssen wir anstoßen!«

Nachdem ich am Freitag doch noch ein wenig in die Kissen geweint und Andreas immerhin den Anstand besessen hatte, sich zu einem Freund zu verdrücken – Jasmin war ja in Düsseldorf –, hatte ich direkt Samstag früh meine beste Freundin Gwendy um ein Treffen in unserem Lieblingscafé gebeten.

Warum Gwendy und ich von Kindesbeinen an beste Freundinnen waren, verstand niemand in unserem Umfeld. Ich selbst oft auch nicht, denn unterschiedlicher, als wir beide es waren, konnte man kaum sein. Gwendy war so ziemlich alles, was ich nicht war: Lebenskünstlerin, Weltreisende, Abenteurerin, Verfechterin der Polygamie und des Matriarchats – obwohl sie natürlich keine Kinder hatte –, Anarchistin und bunter Hund. Wovon sie lebte? Das fragte ich mich oft. Sie malte ganz anständig und gab hier und da mal Workshops, hatte auch schon kleinere Ausstellungen bestritten, aber viel war dabei eigentlich nie rumgekommen. Sie hatte sich auch mal ein bisschen mit Astrologie und Edelsteinen beschäftigt. In den letzten Jahren hatte sie sich ein kleines Geschäft damit aufgebaut, Kacheln mit dicken bunten Frauen zu bemalen. Das lief wohl ganz gut, wenngleich Gwendy selbst über dieses Geschäft nur die Nase rümpfte: »Schlechte Deko für Spießerhausfrauen wie dich, die auch mal was Originelles bei sich zu Hause haben wollen … Ich glaub, ich lass das bald wieder!«

Insgeheim glaubte ich, dass sie sich ihr Leben leisten konnte, weil ihre Eltern nach der Wiedervereinigung eine fette Villa in Grunewald zurückbekommen hatten, die seinerzeit vom SED-Regime unter staatliche Verwaltung genommen worden war. Das war kurz vor dem Mauerfall gewesen, als die Familie noch schnell über Österreich und Ungarn in den Westen geflüchtet war. Und ob es an der ganzen Umstellung lag oder den Folgen der Heimatlosigkeit – jedenfalls wurde Gwendy schon in den Neunzigerjahren Vollwaise und kassierte seitdem Miete. Sie sprach nicht gern drüber, weil sie es bourgeois fand, und vermutlich wäre sie auch ohne dieses Haus über die Runden gekommen, aber sie hatte es nun mal.

Dazu kamen ihre ständigen Liebschaften, die wie durch Zauberhand immer ausgesprochen solvent waren. So war Gwendy eben.

Auch äußerlich war sie mein genaues Gegenstück. An diesem Morgen etwa trug sie eine dunkelgrüne Tunika aus Seidenbrokat mit Goldfäden, auf dem Kopf einen Turban in Grün-Orange, lange grüne Federohrringe, unzählige dicke Silberringe an den Fingern, Silberarmreifen, knallroten Lippenstift und sie hatte ein unbeschreibliches Funkeln in den irgendwie immer lachenden Augen.

Ich hingegen war in Jeans, T-Shirt und Turnschuhen gekommen. Wenn es nach mir ginge, hätte es die Jogginghose auch getan.

Vielleicht war es aber auch genau dieser Kontrast, der uns zueinander hinzog, wenngleich ich nicht recht verstand, was sie an mir faszinieren könnte. Umgekehrt war mir das eher klar.

»Ganz ehrlich, Gwendy, ich finde es schon ein bisschen unsensibel, dass du meine plötzliche Trennung nach vierundzwanzig Jahren einfach mit den Worten ›Na endlich!‹ kommentierst. Andreas war mein Leben. Die Agentur war mein Leben. Die Wohnung war mein Leben. Das Ganze war mein Leben, das mal eben wegen einer Rechnung aus einem Restaurant in sich zusammengefallen ist wie ein Kartenhaus.«

»Also, wenn es nur eine Rechnung braucht, damit es zusammenfällt, dann stand es aber schon lange auf tönernen Füßen.«

Ich schüttelte den Kopf. Ich hasste diese Gwendy-Logik. »Du weißt, was ich meine. Ich kann nicht noch mal eben von vorn anfangen. Ich will es auch nicht.«

»Hör mal zu, Schätzchen. Du hast dich schon viel zu lange in diesem Graue-Maus-Dasein eingerichtet. Guck dich doch mal an: Wenn es einen Vorhang zum Unsichtbarmachen gäbe, du wärst die Erste, die ihn im Zehnerpack kaufen würde.«

Ich musste grinsen. Das stimmte wohl.

»Nichts gegen deinen Andreas. Kann man ja verstehen, wenn er auch noch mal was Neues erfahren möchte …« Ich sah sie vorwurfsvoll an, doch sie hob nur die Hand und die Silberreifen an ihrem Handgelenk klimperten. »Aber das ist doch jetzt wirklich vor allem deine Chance. Wie oft hast du dich darüber beschwert, dass dir dein Leben grau und eintönig vorkommt, dass du nur noch eingespielten Routinen folgst und so gar nichts Überraschendes mehr erlebst, hm?«

Das stimmte schon. Ich hatte immer mal wieder gemeckert. Aber das hieß doch nicht, dass ich gleich meine ganze Ehe über Bord schmeißen wollte.

»Na also. Und noch was: Wann habe ich dich eigentlich zuletzt mal richtig laut lachen gehört? Ich meine, so richtig, dass der Busen wackelt und die Augen tränen.«

Mein Busen würde nicht wackeln. Nicht bei meiner Körbchengröße. Gwendys natürlich schon. Der konnte sogar förmlich beben.

»Das ist doch kein gutes Zeichen, wenn man nicht mehr lachen kann.«

»Ich habe doch neulich erst gelacht«, versuchte ich es.

»Du meinst jetzt aber nicht die Parkplatzsituation?«

Ich gluckste. »Doch!«

Die »Parkplatzsituation« war Folgendes: Gwendy und ich waren zusammen einkaufen gewesen. Ich in meinem Kleinwagen und eine »Ehenutte« (Gwendys Worte, nicht meine) mit ihrem Mercedes G-Klasse hatten beide eine Parklücke anvisiert. Ich war zuerst da gewesen und blinkte, sie aber fuhr. Nur hatte sie sich offenbar noch nicht an die Ausmaße ihres Gefährts gewöhnt, denn sie rammte beim Einparken das Häuschen mit den Einkaufswagen. Das war dann wohl ein Fall für die Vollkasko. Und da hatte ich wirklich sehr gelacht.

»Das ist ein sehr negatives Lachen, meine Süße. Das ist ein schadenfrohes Lachen aus einem Minderwertigkeitsgefühl heraus. Das ist keins, wo die Augen mitlachen und der Busen wackelt.«

»Nun hör schon auf!«, maulte ich.

»Nein, ich meine es ernst: Du hast jetzt eine Riesenchance, und ich werde dafür sorgen, dass du sie nutzt!« Sie nahm einen Schluck von ihrem Espresso und winkte dem Kellner. Unnötig zu sagen, dass er sie direkt bemerkte. »Zwei Prosecco, bitte!«

»Kommt sofort!«

»Was ist denn eigentlich mit der finanziellen Seite: Du bekommst eine Abfindung, nehme ich an?«

»Keine Ahnung, darüber haben wir noch nicht gesprochen. Andreas hat mich ja nicht rausgeschmissen!«

Gwendy verdrehte die Augen. »Ich fasse es nicht. Jetzt verteidigst du diesen Scheißkerl auch noch. Er hat dich gerade aus eurem Leben geschmissen. Wozu braucht es da noch eine Kündigung?«

»Na ja, formal braucht es die schon.«

»Was ist denn mit dem ehelichen Zugewinn? Du müsstest doch ein Vermögen bekommen, wenn ihr euch scheiden lasst.«

Ich sah Gwendy nur an. Mit *dem* Blick.

Der Kellner kam mit den Gläsern und sie nahm direkt einen Schluck. »Du willst mir jetzt nicht sagen, was ich denke, das du sagen willst, oder?«

Ich nickte nur.

»Ihr habt echt einen Ehevertrag?«

»Seit zehn Jahren, seit Andreas Lustig*Media* gegründet hat. Es sollte zu meinem Schutz sein, falls der Laden pleitegeht, weißt du?«

»Du kriegst also nichts?«

»Nope. Jeglicher Zugewinn – vergangen und künftig – wurde ausgeschlossen.«

»Das war das Jahr, als ihr mit den Kindern im Camper durch Neuseeland gefahren seid?«

»Exakt. Das war gewissermaßen die Entschädigung dafür.«

»Halleluja. Du bist ja wirklich noch naiver, als ich dachte.«

»Gwendy, jetzt hör mal auf damit. Wie sollte ich denn ahnen, dass er zehn Jahre später …?«

»Schätzchen«, sagte Gwendy und nahm meine Hand. »Wenn du dich auf einen Mann einlässt, musst du immer und jederzeit damit rechnen, dass er dich sitzen lässt. Das liegt bei denen in den Genen. Und deswegen verzichtet man nie … NIE, hörst du, auf Ansprüche einem Mann gegenüber. Diese Regel kannst du dir ab sofort direkt mal hinter die Ohren schreiben.«

Gwendy nahm noch einen Schluck und forderte mich mit einer Geste auf, dasselbe zu tun. »Also gut, dann vielleicht keine Abfindung, aber er schmeißt dich raus und du wirst sechs

Monate freigestellt, also ab jetzt sozusagen. Dann kannst du sofort damit anfangen, dein beschädigtes Ego aufzumöbeln.«

Während Gwendy überlegte, sagte ich gar nichts. *Er schmeißt dich raus …* wie das alles klang. So lieblos und furchtbar traurig. Mir war ein bisschen zum Heulen und ich kippte den Prosecco in einem Rutsch herunter. Waren ja auch nur 0,1 Liter.

»Nimm mal die Hand aus dem Gesicht!« Sie musterte mich. »Hm. Ich glaube, du gehst jetzt als Erstes mal schön zum Friseur. Diese Strippen da brauchen dringend mehr Schwung. Und Farbe. Du brauchst endlich Farbe in deinem Leben. Wie wär's mit Kupfer?«

Ich rollte mit den Augen. »Gwendy, ich habe vor gerade mal fünfzehn Stunden erfahren, dass sich ein Vierteljahrhundert meines Lebens in Luft auflöst. Da habe ich wirklich Besseres zu tun, als an einen Friseurtermin zu denken. Ich habe keine Ahnung, was ich wo und mit wem künftig machen werde. Ich bin finanziell nicht abgesichert, habe wenig eigene Freunde, fortan eine kalte Bettseite, wenn ich meine Hand ausstrecke, und niemanden mehr, mit dem ich mich über Pia oder Eike oder den Sonntagsbraten austauschen kann. Kannst du nicht wenigstens versuchen, ein wenig mitfühlender zu sein?«

»Carola«, sagte Gwendy ernst. »Jetzt hör mir mal gut zu: Deine Kinder sind erwachsen. Pia ist grad auf Selbstfindung in Australien und Eike bastelt an seiner Anwaltskarriere. Der Sonntagsbraten macht eh nur fett und mit Selbstmitleid ist dir nicht geholfen. Du musst sofort gute neue Erfahrungen machen! Du musst dein Gehirn umprogrammieren. Im Jammermodus wird dir das nicht gelingen. Du musst deinem Leben überhaupt erst mal die Chance geben, dir zu zeigen, wie schön es sein kann. Und dafür gibt es nichts Besseres als den Friseur. Vielleicht wäre auch Kastanie eine gute Wahl!«

Ich sah kurz zum Fenster des Cafés, in dem sich meine Silhouette spiegelte. Meine Haare waren halblang, etwa Höhe Schulterblatt, damit ich sie gut zu einem Pferdeschwanz binden konnte. Farbe: dieses Allerwelts-nicht-Blond-nicht-Braun. Pony: hatte ich nicht, wegen der Pferdeschwanzlogik. Irgendwann würde mir der sonst in den Augen hängen. Wenn man es so betrachtete, hatte Gwendy schon recht. Hier gab es Potenzial. Früher war es mein Traum gewesen, wie Grace Kelly auszusehen, denn irgendwann hatte mal jemand gesagt, ich hätte ihre Nase und ihre tollen blauen Augen. Wenn also überhaupt, würde ich auf Blond gehen und auf Pony und kürzer und Wasserwelle, damit das Haar etwas fülliger wirkte. Ich betrachtete mein Spiegelbild und versuchte, mir diese Wandlung vorzustellen. Es gelang mir nicht so ganz, aber mir war schon bewusst, dass jede Veränderung eine Verbesserung darstellen würde.

Aber wollte ich das wirklich? So richtig bereit fühlte ich mich noch nicht. »Ich überleg's mir«, sagte ich schließlich. »Wie fändest du denn Blond?«

Gwendy sah mich schräg an. »Ich fänd Kupfer besser, aber … wenn du mich so fragst … du hast ein bisschen was von Grace Kelly – könnte passen.«

2 Ich bin jetzt arbeitssuchend

Etwas angeschickert lief ich nach dem Treffen mit Gwendy nach Hause. Die frische Winterluft tat gut. Auf dem Weg kam ich auch bei meinem Friseur vorbei, denn es war ja nicht so, dass ich nicht regelmäßig dorthin gegangen wäre. Meine Friseurin – Henri, eigentlich Henriette – kannte ich schon seit Jahren, und seit Jahren war unsere Kommunikation ziemlich einsilbig: »Wie immer?« – »Wie immer!«

Und »wie immer« hieß: Spitzen schneiden. Wir tauschten regelmäßig ein paar Allgemeinplätze aus, denn in meinem Leben war nichts so spannend, als dass ich es meiner Friseurin hätte erzählen müssen. Außerdem dachte ich, ihr täte es ganz gut, mal eine halbe Stunde lang nicht in die alltäglichen Dramen ihrer Kundinnen eingeweiht zu werden, die einmal im Monat so taten, als wäre sie ihre beste Freundin. Insofern hatte sich unser Verhältnis wirklich auf das Schneiden meiner Haarspitzen beschränkt.

Jetzt sah ich von draußen in den Laden hinein und erkannte Henri, die gerade wild gestikulierend mit einem Glätteisen in der Hand irgendeine Story zum Besten gab und sich offensichtlich ausschüttete vor Freude. Ich zog meine Kapuze tiefer ins Gesicht und schlich vorbei. *Vielleicht hat Gwendy recht und ich sollte mir wirklich mal einen Termin holen*, dachte ich.

Zuerst aber wollte ich klar Schiff machen. Bei allem Gejammer und Selbstmitleid war ich doch nicht der Typ, der sein Leben so ganz offensichtlich von anderen abhängig machte. Das hatte durchaus etwas mit Würde zu tun und mit meinem Drang, Dinge zu erledigen.

Ich musste also noch an diesem Wochenende mit Andreas die Modalitäten unserer Trennung besprechen, denn bereits am Montag – das stand für mich fest – wollte ich der Bundesagentur für Arbeit einen Besuch abstatten, um schon mal die bürokratischen Hürden zu nehmen und mich arbeitslos zu melden. Dafür brauchte ich aber wohl eine rechtsgültige Kündigung. Und auch wenn Andreas das nicht explizit ausgesprochen hatte – explizit hatte er ja nur den Namen Jasmin ausgesprochen –, war uns beiden wohl klar, dass es kein Miteinanderarbeiten mehr geben würde, wenn es kein Miteinanderschlafen mehr gäbe … Besser: kein *Nebeneinander*schlafen, denn *miteinander* hatten wir bestimmt schon seit sieben Monaten nicht geschlafen. Ich lachte bitter auf. Jetzt wusste ich auch, warum … Ich meine, besonders rege war unser Sexleben die letzten Jahre nicht mehr gewesen. Aber das erwartete ja wohl auch keiner nach so vielen Ehejahren, oder? Mir hatte es gereicht beziehungsweise ich hatte mir keine weiteren Gedanken darüber gemacht. Mein Leben hatte sich vertraut und warm angefühlt und ich hatte nicht mehr verlangt. Mehr würde ich auch jetzt nicht verlangen, aber selbst das war ja nun vorbei, wurde mir erneut schmerzhaft bewusst.

Ich bat Andreas also um eine Aussprache am Sonntag, bei der ich diese ganzen Formalien regeln wollte. Das Treffen sollte in der Agentur stattfinden, da ich ein Zusammentreffen in unserem Zuhause unter den neuen Vorzeichen kaum ertragen hätte. Und außerdem hatten wir bei Lustig*Media* alles, was wir brauchten.

Andreas schien zunächst etwas überrascht über diesen Vorschlag und ich dachte, dass auch ihn unsere Trennung trotz Jasmin wohl doch nicht ganz kaltließ. Wie sich aber herausstellte, hatte er offenbar gehofft, ein paar persönliche Dinge abholen zu können, die er brauchte. Er bat mich dann, sie ihm mitzubringen, was ich bis auf den Rasierer *nicht* tat. Kein Joystick, kein USB-Stick mit hundert Filmen und auch keine Lieblingsjeans für meinen Ex zum Kündigungsgespräch. Sollte er die Zeit doch auch mal zum Nachdenken nutzen.

Ich hatte mich, so gut es eben ging, auf dieses Gespräch vorbereitet, und so dauerte es in Summe auch nur knapp zwanzig Minuten. Es gab genau drei Dinge, die ich erreichen wollte:

- Ich wollte gekündigt und ab sofort bei vollem Gehalt für sechs Monate freigestellt werden.
- Ich wollte bis auf Weiteres in der Wohnung bleiben.
- Ich wollte nicht anfangen zu heulen und keine einzige Warum-Frage stellen.

Vermutlich allein schon, weil ich mich an Letzteres hielt, und ganz sicher auch, weil ich das Thema Abfindung überhaupt nicht in den Raum stellte, willigte Andreas beim ersten Punkt sofort ein. Beim zweiten Punkt grummelte er ein wenig. Als ich ihm aber erklärte, wie lange eine Räumungsklage dauerte, für die ich garantiert unseren Sohn als Anwalt konsultieren würde, lenkte er auch hier recht schnell ein. Warum auch nicht? Er hatte wirklich nichts zu verlieren, und ein Rosenkrieg kostet schließlich wertvolle Energie, die er dann womöglich bei Jasmin nicht mehr für den dritten Ständer hätte … *Das* wollte er sicher nicht riskieren.

Als wir damit durch waren und ich meine rechtsgültig unterschriebene Kündigung in Händen hielt, versuchte Andreas, noch ein bisschen Small Talk zu machen. Auch damit hatte ich gerechnet und lange überlegt, wie ich darauf reagieren sollte.

»Und?«, fragte Andreas mit diesem traurigen Hundeblick, der sicher Empathie signalisieren sollte. »Was hast du jetzt so vor, ich meine, für dich ist es ja bestimmt …«

Ich unterbrach ihn, indem ich abwinkte. »Mach dir keine Sorgen. Ich geh jetzt zu Gregor und wir feiern ein bisschen.«

»Gregor?« Irritiert, ungläubig und ein wenig entrüstet straffte Andreas die Schultern.

Lächelnd sah ich ihn an. »Gregor.«

»Aber … wer ist … du …?«

»Hast du es wirklich nicht gemerkt?«, sagte ich nur und hob die Augenbrauen. Allein dafür hatte ich eine halbe Stunde vor dem Spiegel gestanden. »Na ja, macht nichts. Du warst ja auch beschäftigt … Win-win, würde ich sagen.« Dabei wedelte ich mit der Kündigung.

In Andreas' Gesicht zeichnete sich jetzt fast so etwas wie Zorn ab. Ich sah förmlich, dass er angesichts der neuen Umstände seine großzügige Freistellungsregelung bereits bereute. Ein Mann war wirklich nur bei den Eiern zu packen. So durchsichtig.

Um nicht doch noch in Tränen auszubrechen – diese Vorstellung hatte mich all meine Kraft gekostet –, machte ich auf dem Absatz kehrt und schloss ein letztes Mal die Tür von Lustig*Media* hinter mir.

An diesem Abend strich ich wie eine scheue Katze in der ungewohnt leeren und plötzlich merkwürdig unbehausten Wohnung herum. In meinem Kopf sprang nur ein Gedanke wie ein Flummi hin und her: Frau, Anfang fünfzig, vom Mann verlassen, plötzlich Großstadtsingle und arbeitslos. Und nun, alte Frau?

Boing, boing, boing …

Ein paarmal war ich versucht, den Computer anzuschalten und nach Dingen zu schauen, die ich schon bald würde angehen müssen: Freizeitaktivitäten suchen, Freunde finden, Singlebörsen durchforsten, Jobangebote prüfen, Marktwert testen. Ja, vor allen Dingen und in jeder Hinsicht das: Ich musste in allen Bereichen des Lebens meinen Marktwert neu testen. Oh Gott. Wollte ich das? Natürlich nicht! Aber mir blieb ja keine Wahl!

Ich ließ den PC dann doch aus und ich rief auch nicht meine Tochter Pia in Australien an. Meinen Sohn Eike erst recht nicht! Ob ich wollte oder nicht – diesen Abend würde ich schlicht und ergreifend in der Gewissheit verbringen müssen, dass ich keinen blassen Schimmer hatte, wie es weitergehen sollte.

Ohne Wein und ohne Gutenachtkuss ging ich um halb zehn ins Bett.

* * *

Halbwegs ausgeschlafen stand ich am Montag um fünf vor acht mit meiner Kündigung und meinem Personalausweis vor dem für mich zuständigen Gebäude der Bundesagentur für Arbeit.

Zum Glück war nicht Monatsanfang, denn da sind die Ämter ja immer besonders voll. So warteten vor mir nur drei andere Menschen. Im Gegensatz zu mir hatten sie sich offenbar nicht extra schick gemacht. Mir war das aber wichtig gewesen: Ich trug ein dunkelblaues Kostüm und war dezent geschminkt, die Haare hatte ich zum Knoten hochgesteckt. Ich wollte weder bedürftig noch arbeitslos aussehen, obwohl ich genau wegen beidem ja in dieser Schlange stand.

Nach anderthalb Stunden war mir klar, dass die Kürze der Schlange nicht in proportionalem Verhältnis zur Wartedauer stand. Keine Ahnung, was man am Empfang alles besprechen konnte, aber es dauerte wirklich geschlagene zwei Stunden, bis ich an der Reihe war. An der Reihe, erst mal mein Anliegen vorzutragen. Da hatte ich noch keinen Berater oder Sachbearbeiter gesehen.

»Guten Tag, was kann ich für Sie tun?«

»Guten Tag. Ich möchte mich arbeitslos melden.«

»Sie meinen arbeitssuchend?«

»Macht das einen Unterschied?«

Die Frau sah mich ein bisschen von oben herab an. »Was wollen Sie denn sein – arbeits*los* oder arbeits*suchend*?«

Ich verstand und wurde rot wie eine Tomate. Da merkte man, dass ich zwanzig Jahre und länger nicht bei der Bundesagentur für Arbeit gewesen war, die damals ja auch noch Arbeitsamt geheißen hatte.

»Äh, Entschuldigung, arbeitssuchend natürlich.«

»Kündigung und Personalausweis dabei?«

»Natürlich.« Ich reichte ihr die Unterlagen und sie tippte etwas in den Computer.

»Nehmen Sie bitte im Wartebereich Platz. Sie werden aufgerufen.«

Auf dem Weg in den Wartebereich fragte ich mich nach diesen nicht mal fünf Minuten erst recht, was die anderen Besucher nur alles zu besprechen gehabt hatten.

Es dauerte weitere fünfundzwanzig Minuten, bis mein Name tatsächlich aufgerufen und ich in eine Stellwandbox geführt wurde, in der ein Herr Habesand saß, wie ich dem Namensschild entnahm. Und Herr Habesand war der Lichtblick des Tages: schätzungsweise Mitte zwanzig, anscheinend sportlich, da er sein Bein exakt im rechten Winkel über das andere legen konnte – was mir nicht mal nach sieben Jahren

Yoga gelang –, ein offenes Lächeln und ganz und gar nicht der Typ, der mich für meinen Status verurteilte.

Und Herr Habesand war flott! Bei ihm dauerte die Aufnahme meiner Arbeitssuchend-Meldung, die wiederum Voraussetzung für meinen Antrag auf ALG I war, den ich jedoch erst frühestens drei Monate vor Beginn meiner eigentlichen Arbeitslosigkeit stellen konnte, keine zehn Minuten. Dafür müsse ich auch nicht erneut persönlich erscheinen, allerdings müsse ich mein Profil inklusive Lebenslauf online in der AfA-Datenbank hinterlegen. Das ginge aber auch ganz schnell und ich könne es, wenn ich wolle, direkt hier vor Ort erledigen. Dazu legte Herr Habesand für mich ein Benutzerprofil an und gab mir meine Erstzugangsdaten.

Ob ich denn schon Pläne für meine berufliche Neuorientierung habe, wollte er noch wissen. Als ich vage den Kopf schüttelte, fügte er mit Blick auf meine Daten im Computer noch hinzu: »In Ihrem Alter haben Sie ja auch Anspruch auf fünfzehn Monate ALG I. Das gibt Ihnen ein bisschen Luft, nicht wahr?«

Die brauchte ich auch – Luft! Aber ich nickte freundlich und bedankte mich für den Hinweis. Herr Habesand lächelte mich an und wünschte mir noch einen schönen Tag.

Obwohl ich eigentlich keinerlei Lust verspürte, mich noch länger in diesem Gebäude aufzuhalten, wollte ich die Sache mit der Registrierung doch hinter mich bringen und ging in den Computerraum, der für den »Kundenverkehr« zu diesem Zwecke zur Verfügung gestellt wurde.

Eine freundlich aussehende Frau mit sehr langen Glitzerfingernägeln und vielleicht ein bisschen viel Mascara für ihre nicht mehr ganz straffen Lider wies mir einen Platz zu.

»Und wie melde ich mich an?«, fragte ich freundlich.

»Einfach auf Jobbörse gehen!« Man merkte ihrer Stimme an, dass sie das schon tausendmal gesagt hatte.

»Zugangsdaten falsch«, sagte ich fast triumphierend. Ich war ja nicht blöd.

Die Frau kam zu mir und stellte sich hinter mich. »Es muss schon die Seite der Bundesagentur sein. Das da ist ja ein freies Jobportal.«

»Ach so«, sagte ich und kam mir recht dumm vor. Ich versuchte es mit der richtigen Adresse. »Hat gekla-happt!«, rief ich dann fröhlich.

Sie antwortete nicht, weil inzwischen eine Kollegin zu ihr gekommen war, die eine schlimme Nikotinfahne hinter sich herzog. »Kann ich überhaupt nicht verstehen … Jetzt sollen wir auch noch M103 ausfüllen, obwohl das kein Mensch braucht, wenn es sich nur ums Kurzarbeitergeld dreht … die da oben haben überhaupt keinen Schnaller …«

Ich versuchte, die Unterhaltung zu ignorieren, aber obwohl ich solche Mitarbeiterdebatten hasste, vermisste ich doch plötzlich, dass ich jetzt kein Teil mehr von ihnen war. Ich war in keinem Team mehr. Ich gehörte zu niemandem … Schon wieder drohte mich die Trauer zu ersticken und ich konzentrierte mich schnell erneut auf meinen Lebenslauf. Es fiel mir nicht ganz leicht, die Daten meiner Bildungsabschlüsse aufs Jahr genau auszurechnen, aber als ich merkte, dass dieses System keine Logikprüfung zu haben schien, beließ ich es bei den Circaangaben.

Spannend wurde es dann bei den Kenntnissen und Fertigkeiten, denn vieles von dem, was ich konnte, fand im Drop-down-Menü nicht statt.

»Entschuldigung«, wagte ich es also, die beiden Frauen zu unterbrechen, »aber wie kann ich hier stellvertretende Geschäftsführerin eingeben?«

»Gar nicht«, sagte die, die von Anfang an für mich zuständig gewesen war. »Es sind noch nicht alle Jobs gelistet. Nehmen Sie Geschäftsführung.«

»Aber ich war nicht Geschäftsführung.«

»Nehmen Sie es trotzdem oder lassen Sie es weg.«

Ich klickte also auf »Geschäftsführung«. Marketing fand ich, Marketingmanager nicht. Meinen Studienabschluss Diplombetriebswirtin fand ich, mein Nebenfach Wirtschaftspsychologie konnte ich aber nirgends hinzufügen. Mein Auslandssemester in den USA vor Jahren fiel auch unter den Tisch. Nicht dass es heute noch viel gebracht hätte, aber eine Qualifikation war es ja schon.

Insgesamt erkannte ich mich in meiner beruflichen Vita hier nur bedingt wieder. So zeigten auch die mir vorgeschlagenen Jobs, die ich spaßeshalber nach Vollendung mal abrief, dass hier so einiges noch nicht zu Ende programmiert worden war:

- Vertriebsassistentin Gruppe Nord
- Anzeigenplanung Bornstedter Wochenblatt
- Geschäftsführungsassistenz und Reiseorganisation eines Haushaltswarenherstellers in Schleswig-Holstein
- Nachtwächter/-in in einem Autohaus
- Stellvertretende Kantinenleitung Krankenhaus

Immerhin, dachte ich bei mir, als ich mit knurrendem Magen um kurz vor zwölf die Agentur wieder verließ. Zwei Dinge hatte ich geschafft: Ich war nun offiziell arbeitssuchend und damit fest im Sozialsystem verankert.

Ich wusste, dass von dort außer der finanziellen keine Hilfe zu erwarten war. Ich musste mir schon selbst klar werden, wohin die Reise gehen sollte. Und das Ganze dann vor allem auch selbst umsetzen.

3 Der Marktwert ist auch nicht das Mass aller Dinge

Ich wusste, dass viele Leute mich für verrückt hielten, wenn sie mich in meiner Getriebenheit beobachteten – allen voran meine Freundin Gwendy. Aber ich war nun mal so, und bevor ich mich wirklich auf etwas anderes konzentrieren konnte, musste ich einfach wissen, wie meine Chancen auf dem Arbeitsmarkt denn nun standen. Also fuhr ich den PC hoch. Wenn schon, dann richtig.

Denn erst jetzt, wo ich herausfinden wollte, wo genau ich mich eventuell überall bewerben könnte oder welche Firmen ich für mögliche Projektaufträge ins Visier nehmen wollte, wurde mir sehr bewusst, dass ich noch keinen Gedanken darauf verschwendet hatte, was ich eigentlich genau anzubieten hatte.

Die knallharte Frage war doch: Was hatte ich denn in den letzten fünfundzwanzig Jahre meines Lebens gemacht? Nach dem BWL-Studium waren ja die ersten zehn Jahre schon mal für Kindererziehung draufgegangen. Andreas und ich hatten uns im Studium kennengelernt. Und dann nach dem Abschluss war alles ganz schnell gegangen.

Irgendwann war ich dann bei Andreas in der Firma eingestiegen. Hier hatte ich zunächst überwiegend Texte Korrektur gelesen und später auch Website-Refreshs übernommen und kleinere Kampagnen gesteuert. Machte das schon eine Marketingleiterin aus mir? Da hatte ich Zweifel. Ich konnte gut analysieren und hielt meine Termine. Doch wie nannte man das in der Berufswelt? Wonach sollte ich suchen?

Ich fing mal mit dem an, was ich wirklich draufhatte: Jobs, bei denen das A und O Kenntnisse der deutschen Sprache waren.

Ich suchte also nach Lektor/Korrektor/Texter. Zwar fand ich nicht genau das, was ich suchte (weil man nie findet, was man sucht), aber immerhin einen Anbieter aus Holland, der gerade nach Deutschland expandierte und Lektoren für Magister- und Bachelorarbeiten suchte. Na, das war doch eine sichere Bank! Zwar kam man da nur auf einen Stundenlohn von zwölf bis fünfzehn Euro, aber wenn man mindestens zehn Stunden die Woche auf diese unbedarften Arbeiten verwendete (was als Minimum gefordert war), wären doch schon mal sechshundert Euro im Monat sicher. Easy. Und daneben könnte ich mir dann überlegen, was ich wirklich machen wollte.

Das Unternehmen wollte nur, dass man einen kleinen Eignungstest machte, bei dem man siebzig Prozent richtig beantworten musste. Hieß also, fast jede dritte Antwort durfte falsch sein. Wenn ich mir so vorstellte, gegen wen ich da antrat, all die PISA-Flachköpfe und Rechtschreibkretins von heute, war das ja ein echtes Heimspiel. *Lächerlich*, dachte ich.

Während der Test lud, ging ich mal eben in die Küche, um mir einen Toast zu machen. Ich war inzwischen echt hungrig, aber es war ja auch schon Mittag durch. Dem Thema Essen musste ich mich noch mal separat widmen. Wie kam ich künftig regelmäßig an Essen, ohne ständig selbst zu kochen oder teure Mittagstische in Anspruch zu nehmen? Worauf man nicht alles achten musste bei so einem Schritt in die Selbstständigkeit!

Ach herrje. Das war Multiple Choice. Erinnerte mich sehr an diese Bilderrätsel: Finde die Fehler.

Ich las mir den ersten Satz durch:

> A) »Wenn du, um nach Hause zu kommen, dreimal umsteigen musst und erst die S-Bahn, dann den Bus nimmst und dann weiter zu Fuß gehst, dir dabei aber ein Hund bellend entgegenkommt, der dir angst macht, rennst du dann weg oder wählst du unter Zuhilfenahme deines Handys den 110 Notruf?«

Staunend biss ich in meinen Leberwursttoast. Was war denn das für ein Scheiß?

Aber jetzt wurde es erst richtig spannend:

> B) »Wenn du, um nach Hause zu kommen, dreimal umsteigen musst, und erst die S-Bahn, dann den Bus nimmst und dann weiter zu Fuß gehst, dir dabei aber ein Hund bellend entgegenkommt, der dir Angst macht, rennst du dann weg oder wählst du unter Zuhilfenahme deines Handys den 110-Notruf?«

Es folgten die Optionen C bis E, die Varianten von A und B waren.

Ich staunte nicht schlecht. Es war doch völlig egal, ob ich ›nach Hause‹ nun zusammen oder getrennt schrieb. Daran hing doch noch nicht mal die Nachkommastelle der Note für den Studenten. Was für ein Schwachsinn!

Na gut. Aber jetzt kamen die Antworten:

»Variante A ist falsch, weil …«, und dann ging es los mit den Erklärungen und ich las zwischen den Zeilen immer den Satz: »Wie blöd bist du denn?«

Ich fand den Test zwar selten dämlich und unnütz, machte meine Kreuzchen aber nach Dudenrecherche und gesundem Menschenverstand. Siebzig Prozent waren selbst unter diesen Voraussetzungen ja wohl nicht so schwer.

Mhm. Genau. Denkste, Puppe.

Fünfzehn Fragen und weitere vier Toastbrote später drückte ich genervt zum zweiten Mal an diesem Tag auf »Senden« – und bekam umgehend die Antwort:

»Sie haben 41 % der erforderlichen 70 % geschafft. Damit sind Sie für das weitere Auswahlverfahren leider nicht zugelassen. Sie können es aber gern im August erneut versuchen.«

Ich merkte, wie ich schamrot wurde, und war froh, dass das Brot schon unten war, sonst hätte ich mich bestimmt verschluckt. Ich, Carola Lustig, diplomierte Betriebswirtin mit viel Texterfahrung und in der vermutlich hundertsten Generation deutsch, wurde für ein weiteres Auswahlverfahren zum schnöden Korrekturlesen von einfallslosen Bachelorarbeiten NICHT ZUGELASSEN?

Das war unverschämt!

Vor allem aber war es auch peinlich. Wie konnte das denn passiert sein? Allerdings fragte ich mich auch, warum man für so einen Job die eigene Sprache studiert haben muss, um sofort mit dem Finger schnippen und sagen zu können: »Na klar, das ist natürlich ein Konzessivsatz, der sich disharmonisch in das Subjektgeschehen einfügt und keinen Raum für den Modal- und den Kausalsatz lässt, geschweige denn den Objektsatz vervollständigt, oder sehen Sie das anders?«

Meine Laune war im Keller und ich hatte noch nicht mal angefangen, mich mit den echten Jobangeboten zu befassen. Ich ahnte schon, dass dieser Tag nicht wirklich gut weitergehen würde. Da ich mich gerade ohnehin meiner Wurzeln erinnert hatte, suchte ich mal nach Angeboten im Marketing.

In meiner Region poppte auf:

- Marketing Assistant Social Media.

  Beides nein.

- Sachbearbeiter im Marketing.

  Anbieter war ein Technologieunternehmen und die Anforderungen waren: eine abgeschlossene Ausbildung und »erste Erfahrungen«. Da war ich raus und hier schnappte sie zu – die Altersfalle.

- Online Marketing Manager (gn).

  Irgendwie hatte ich das Gefühl, dass ein Unternehmen, das direkt »genderneutral« sucht, vielleicht auch für (an) offen sein würde – ageneutral. Ich las also weiter:

  Ein abgeschlossenes Studium im Bereich Marketing, E-Commerce oder in einem ähnlichen Studiengang. – *Check!*

  Du verfügst über mehrjährige Berufserfahrung im Bereich Paid Social und Programmatic Display. – *Ich wusste nicht genau, was das war, aber ich dachte, das könnte noch passen.*

  Marketing auf Unternehmens- oder Agenturseite. – *Unbedingt! Expertin!*

  Du bist ein Retargeting-Profi. – *K. P.*

  Du hast sehr gute Kenntnisse in der eigenverantwortlichen Entwicklung, Planung und Steuerung von Kampagnen mit nachweisbarer Performance und Budgetverantwortung. – *Check!*

Im Umgang mit gängigen Tools wie DV 360, Google Campaign Manager, Facebook Business Manager, Outbrain und Taboola bist du Experte. – *Nöööö, aber machbar.*

Du bist strukturiert, analytisch und leitest die richtigen Schlussfolgerungen aus deinen Daten ab. – *Immer!*

Aufgrund deines performancegetriebenen Mindsets bist du erst zufrieden, wenn du deine sehr ambitionierten Ziele erreicht hast. – *Mein Mindset ist mega-performancegetrieben! (War der Bindestrich richtig? Ich sollte mal den Leuten aus Holland schreiben!)*

Gute technische Kenntnisse in den Bereichen Tracking und Ad-Serving runden dein Profil ab. – *Ich würde heimlich bei den Techies um Hilfe bitten.*

Du inspirierst deine Kollegen mit deiner Out-of-the-box-Denke und frischen, innovativen Ideen, um unsere Zielgruppen zu erreichen und zum Wachstum beizutragen. – *Un-be-dingt!*

Also, ich erfüllte zwar nicht alle Kriterien zu hundert Prozent, aber wenigstens war ich mir meiner Schwachstellen bewusst. Ich beschloss, mich hier mal zu bewerben.

Da im Rest der Anzeigen ohnehin nur Pflichtpraktikanten, Volontäre oder Menschen mit zwei bis drei Jahren Berufserfahrung und hoher digitaler Affinität gesucht wurden, beschloss ich, das Marketing hinter mir zu lassen und mich anderen möglichen

Tätigkeiten zu widmen. Vollzeit oder Teilzeit, das war mir nun auch schon egal. Ich fand fünf Ausschreibungen für eine Assistenz der Geschäftsführung und merkte mir zwei davon. (Ein Möbelgeschäft: Ich bringe nicht nur Erfahrung und ein hohes Maß an Organisationsgeschick mit, sondern auch Kultur auf das Sofa … Die zweite: ein Autohaus. Man suchte jemanden, mit dem man in allen Bereichen gut fahren kann!) Außerdem wurde dreimal Unterstützung in der Öffentlichkeitsarbeit gesucht. Hier notierte ich mir eine Integrationsstelle für Migrant*innen in Teilzeit, Englischkenntnisse Voraussetzung, Arabisch erwünscht. Schließlich speicherte ich noch eine Koordinationsstelle bei einer Personalvermittlung. Die Anforderungen waren sehr unspezifisch.

Damit wollte ich diesen zermürbenden Prozess für heute aber auch beenden, um mich dafür an die Erstellung eines angemessenen Lebenslaufs zu machen und die Bewerbungen direkt rauszuhauen. Denn natürlich hatte ich auch den seit zwanzig Jahren nicht mehr angeschaut – hatte ich überhaupt einen?

Seufzend gestand ich mir ein, dass das neue selbstständige Leben wirklich so seine Tücken hatte, und überlegte einen kurzen Moment, ob ich die ganze Jobsuche nicht abblasen und mich ausschließlich auf das konzentrieren sollte, was das Wort Selbstständigkeit bedeutete: das autonome, nicht abhängig beschäftigte Arbeiten.

Aber das traute ich mir noch nicht zu. Um auf den richtigen Pfad zu kommen, musste ich die womöglich falschen, vor allem aber frustrierenden Wege wohl zumindest ansatzweise beschreiten.

Relativ lustlos googelte ich also »Lebenslauf schreiben«. Nachdem ich die ersten Ergebnisse weggeklickt hatte, weil die gleich mal eine Mailadresse und dann wahrscheinlich Geld von mir wollten, sah ich mir die Beschreibungen auf den normalen Berufsportalen an. Gut, das schien alles schon mal nicht ganz so katastrophal schwierig zu sein. Mit den persönlichen Daten fing man an. Natürlich. Was sonst? Ein paar Lebensläufe hatte ich ja auch bei Lustig*Media* schon gesehen, aber da das Durchschnittsalter dort gefühlt zweiundzwanzig war (ohne mich vermutlich achtzehn!), passte bei den Bewerbern meistens alles auf eine Seite. Diese Menschen hatten ja noch nicht mehr vorzuweisen als Ausbildung oder Studium und erste Berufserfahrungen. Da musste bei mir schon ein bisschen mehr stehen.

Ich überlegte kurz, ob ich mich etwas verjüngen sollte, aber um auf eine Vier vorn zu kommen, müssten es schon vier Jahre sein, und das traute ich mich dann doch nicht.

Danach kam »jüngste Berufserfahrung«. Na, die waren gut: Meine jüngste Berufserfahrung war ja zugleich streng genommen auch meine älteste. Lustig*Media* von Anfang bis Ende. Nach den Kindern, versteht sich. Das mochte zwar ein gewisses Durchhaltevermögen signalisieren, vielleicht aber auch nur Trägheit, eine Todsünde also.

Vielleicht konnte ich meine vier Jahre im Homeoffice anders benennen. Dann wären es wenigstens zwei Stationen gewesen.

Blieb aber immer noch die zehnjährige Pause zwischen Studienabschluss und erstem Job. Kam wahrscheinlich auch nicht sooo gut. Aber was sollen wir Frauen denn machen, wir kriegen ja nun mal die Kinder?

Ich sah mich direkt in die gesellschaftlich völlig unterprivilegierte Gruppe der älteren arbeitssuchenden Mütter rutschen. Mann, Mann, Mann. Das war ja sehr abenteuerlich.

Nicht wirklich motiviert tippte ich meine zwei beruflichen Stationen in das Dokument, ergänzte meine Schulbildung, trug unter Fortbildungen den Digitalkongress 2012 in Berlin ein und sprang dann nahtlos zu »sonstige Kenntnisse« (Office 2016), Sprachen (Deutsch, Englisch) und zu den Hobbys. Am liebsten hätte ich »keine« geschrieben, aber wie sieht das denn aus? Also schrieb ich Joggen (auch wenn ich das schon lange nicht mehr getan hatte). Zu mehr hatte ich keine Lust. Womit man sich alles auseinandersetzen musste, nur weil man noch was wollte vom Leben.

Schnell scannte ich noch eine Unterschrift, setzte sie unter das Dokument, formulierte ein Anschreiben, das ich nur marginal an die jeweilige Stelle anpasste, und drückte noch fünf Mal auf »Senden«. So viel Senden wie heute war lange nicht mehr gewesen. Zwar hatte ich bei dieser Aktion kein gutes Gefühl, aber dafür doch ein blütenweißes Gewissen.

Inzwischen war es drei Uhr nachmittags und ich hatte schon wieder Hunger. Als wäre ich drei Tage durch die Wüste gelatscht, kroch ich wie ausgedörrt und arbeitsambitionsmäßig total am Ende zum Telefon. Ich rief Gwendy an und fragte sie, ob sie Zeit für ein verspätetes Mittagessen habe. Natürlich hatte sie.

4 Aktive Veränderung muss her!

Auf dem Weg zum Restaurant hörte ich die Worte schon förmlich: »Nun bist du endlich frei, und dann bewegst du dich auf die zweite Zwangsmaschine zu und schreibst direkt schwachsinnige Bewerbungen! Kein Wunder, wenn du schlecht draufkommst! Am Tag eins seiner neuen Freiheit steht man doch nicht direkt vor den Türen der Agentur für Arbeit!« Aber gut, nun hatten wir den Salat und mussten gucken, ob wir ihn mit einem guten Dressing retten konnten. Wie poetisch ich sein konnte!

Gwendy saß natürlich schon in dem italienischen Restaurant, das ich zum Mittagessen vorgeschlagen hatte. Es war neu, hier waren wir noch nie gewesen. Auf den ersten Blick sah alles gut aus – so, wie wir es mochten. Für meinen Geschmack ein paar Leute zu viel, aber wenigstens unaufdringliche Typen und keine Hipster, also diese hippen Möchtegerns mit ihren überpflegten, kurgespülten Vollbärten, die Holzfällerhemden tragen, aber noch nie eine Axt in der Hand gehalten haben, sich dabei unglaublich trendy und total in fühlen, aber vor einer Wespe flüchten, als sei King Kong hinter ihnen her.

Gwendy saß wie immer in der Mitte des Restaurants, damit jeder ihr lila Wallekleid und das überdimensionale Ohrgehänge sehen konnte. Manchmal fragte ich mich, wie lange ihre Ohrläppchen das alles noch mitmachen würden. Nichts durfte bei Gwendy eng sitzen. Das mochte sie nicht, und das sah man auch. Der Gummizug war ihr Freund. Und viele bunte Farben waren ihre guten Bekannten. Sie winkte mir unnötigerweise zu, obwohl ich nur zwei Meter von ihr entfernt war. »Huhuuuu!«, rief sie und natürlich guckten alle. Das liebte sie auf ihre »Ich bin nun mal, wie ich bin«-Art. Ihre Silberarmreifen klimperten.

Erschöpft ließ ich mich auf einen Stuhl fallen. »Da will man sich anständig arbeitslos melden und dann ist das Drop-down-Menü nur halb befüllt. Kannst du dir das vorstellen?«, sagte ich zermürbt. »Wie soll man denn da vernünftig neu anfangen? Ich kam mir so klein vor, wie ein Bittsteller.«

»Na ja, man ist ja auch ein Bittsteller«, entgegnete Gwendy und orderte erst mal die Speisekarte. »Hab ich einen Hunger, ich könnte eine ganze Bergziege essen«, bekam ich erklärt.

»Aber ich hab doch jahrelang in die Arbeitslosenversicherung eingezahlt, da steht mir jetzt auch Geld zu«, entgegnete ich. Der Kellner kam mit den Karten. Ich erklärte Gwendy, dass ich Lust auf einen Feldsalat hätte.

»Du immer mit deinem Salat. Irgendwann wachsen dir Häschenzähne und Kinder rennen hinter dir her, weil sie wissen wollen, wo du die Eier versteckt hast. Nun sei mal vernünftig. Ich finde, heute ist nicht der Tag für Salat«, sagte sie. »Deswegen nehmen wir Pasta mista für zwei Personen, komm schon. Du brauchst jetzt Sahnesoße und schlimme, gute Kohlenhydrate. Und wir bestellen Weißbrot mit Aioli und ein Schälchen Olivenöl extra. Und zum Dessert Pannacotta. Oder Tiramisu. Oder beides und wir tauschen nach der Hälfte.«

»Das gibt's hier nicht«, sagte ich und dachte – leider zu spät –, dass die Idee, hierherzugehen, wohl doch nicht die beste gewesen war.

»Wieso nicht?«, fragte Gwendy. »Das ist doch ein Italiener.«

»Das ist eine Casa di insalate.«

»Eine was?«

»Eine Casa di insalate. Haus der Salate. Ein neues Konzept, ich hab davon gelesen. Hier gibt es nur Salat.«

Gwendys Gesicht verzog sich ungläubig, der knallrot umrandete Mund klappte auf. Oje. Ihre Laune sank auf den Nullpunkt. »Du willst mich veräppeln.« Sie blätterte sich durch die Speisekarte. »Das stimmt ja wirklich«, sagte sie entsetzt. »Es ist kein Scherz. Da stehen nur Salate auf der Karte. Carola, bitte! Auch noch so dämlich beschrieben, um sie interessanter zu machen. Den Frühling auf der Zunge spüren mit diversen Blattsalaten an einer Kräutervinaigrette, saftigen Kirschtomaten und einem Kuss von rotem Pfeffer. Ich glaub, ich spinne«, sagte sie dann böse. »Ich bin doch keine Kuh.«

»Gwendy, es geht nicht immer nur ums Essen«, sagte ich, weil ich überhaupt keine Lust auf diese Diskussion hatte. Es gab momentan Wichtigeres. »Es geht um meine Existenz, um mein Leben. Und so oder so – die Bundesagentur wird mir keine Perspektive bieten.«

»Wieso hast du das überhaupt gemacht?«, fragte sie, nachdem sie die Karte fertig studiert und mir mitgeteilt hatte, dass sie das kleinste Übel nehmen werde, nämlich einen Tomatensalat in einem Balsamicokleid mit einer Umarmung von sonst was.

»Na, weil es mir zusteht.« So schwer war das doch wirklich nicht zu verstehen.

»Ach, so ein Quatsch. Zusteht. Es gibt Leute, die haben das wirklich nötig, aber du doch nicht.«

»Was meinst du denn damit?«

»Dass du nicht der Typ für Arbeitslosengeld bist.«

»Ach ja. Und wer zahlt dann meine Miete?«

»Du zahlst keine Miete«, pampte sie mich an.

»Noch nicht«, pampte ich zurück. »Wer weiß, was wird, wenn Andreas es sich doch anders überlegt und nicht mehr so auf nett macht? Hm? Was ist dann?«

»Trotzdem hast du voreilig gehandelt. Du hättest dich ja erst mal auf dem Markt umschauen können. Außerdem kriegst du ja noch dein volles Gehalt.«

»Ja, ich habe mich ja auch nur arbeitssuchend gemeldet«, rechtfertigte ich mich böse. »Ich bin ja nicht dahin und habe gesagt, dass ich Geld haben will.«

»Natürlich willst du Geld. Die wenigsten Menschen, die zum Arbeitsamt gehen, wollen einen neuen Job. Die meisten wollen nur Geld.«

»Das heißt jetzt anders.«

»Wieso denn? Geld ist Geld«, schnaubte Gwendy mich an.

»Das heißt jetzt Bundesagentur für Arbeit«, erklärte ich hoheitsvoll.

»Das ändert auch nichts an der Situation.«

Der Kellner kam, um die Bestellung aufzunehmen, doch Gwendy scheuchte ihn mit dem Blick einer Gepardenmutter, die ihre Jungen vor etwas Bösem schützen muss, davon.

»Du bist gemein«, fasste ich zusammen. »Du bist ja nicht getrennt, sondern lebst fröhlich vor dich hin, hast genug Geld und keine Kinder, um die du dich sorgen musst.«

»Ja, vielleicht ist das so, aber auch das ändert nichts an deiner Situation«, sagte sie nun ruhig. »Jedenfalls würde ich nicht gleich zu Vater Staat rennen und um Almosen betteln.«

»Wie redest du denn?«, regte ich mich auf. »Ich bin meiner Pflicht als Bürgerin nachgekommen und habe ja noch nicht mal Geld beantragt. Im Gegenteil: Vor einer Stunde habe ich die ersten Bewerbungen rausgehauen. Was willst du eigentlich?« Also wirklich.

»Das auch noch, mein Gott, das wird ja immer schlimmer!«

»Du bist gegen mich.«

»Bin ich nicht.« Gwendys Ohrringe klimperten, als sie vehement den Kopf schüttelte. »Ich bin nicht dein Feind. Ich bin deine Freundin.«

Verdammt, jetzt musste ich fast heulen. »Fast ein Vi-hi-hierteljahrhundert.« Jetzt konnte ich nicht mehr und ließ die Tränen laufen. »Bald wäre u-hu-hu-hunsere Silberhochzeit gewesen. Und jetzt machst du mich auch noch fertig!«

»Ksch, ksch, ksch«, machte Gwendy fürsorglich wie eine Mutter, die ihre Tochter während ihres ersten Liebeskummers tröstet. »Auf lange Sicht gesehen wäre das doch gar nicht gut gegangen mit euch, das hat doch ein Blinder mit Krückstock gesehen.«

Meine Tränen versiegten. Ungläubig starrte ich Gwendy an. »Auf lange Sicht? Wir waren fast dreißig Jahre zusammen«, polterte ich los. »Wo ist denn das bitte nicht auf lange Sicht? Also, du bist mir wirklich gerade keine Hilfe.«

»Hach, leg doch nicht jedes Wort auf die Goldwaage.«

Der Kellner kam zurück, traute sich diesmal zu bleiben und nahm unsere Salatbestellungen auf. Dazu orderten wir eine große Flasche stilles Wasser, weil es hier nur stilles Wasser gab, was irgendwas mit den Geschmacksknospen und den Salatzutaten zu tun hatte – was genau, weiß ich nicht, denn ich unterbrach den Kellner recht schnell, damit Gwendy ihm nicht an die Gurgel ging. Sie hätte gern einen guten Roten getrunken, das sah ich ihr an. Na ja – ich auch, um ehrlich zu sein.

»Wir sollten gleich mal zusammen shoppen gehen«, schlug sie vor. »Nach unserem leckeren, wunderbaren Essen. In einem neuen Kleid sieht die Welt nicht mehr so trübe aus.«

Da kam das stille Wasser. Damit konnte man auch auf die Zukunft anstoßen. Auf eine, die vielleicht nicht so schal und abgestanden schmeckte wie dieses langweilige Getränk.

»Ich hatte mich so auf das Essen gefreut und jetzt muss ich diesen furchtbaren Salat herunterwürgen«, sagte Gwendy kurze Zeit später. »Ehrlich, ich kann nicht verstehen, dass dir das schmeckt.«

»Tut es aber, man muss sich nur mal darauf einlassen«, erklärte ich ihr, während ich mit Begeisterung in meinem Feldsalat an gerösteten Walnüssen mit Mangomousse und irgendwas mit sanft gegarter Erbse stocherte. Währenddessen schob Gwendy die Tomaten auf ihrem Teller hin und her wie ein Magermodel, das vorgibt, etwas zu essen. Man konnte ihrer schlechten Laune beim Wachsen zusehen.

»Ich finde, wir halten uns nicht weiter mit dieser Agentur auf«, beschloss sie dann. »Sondern buchen dir einen Flug. Zum Beispiel zu Pia nach Australien. Die wird sich freuen. Oder nach Sri Lanka. Ja. Eine Ayurveda-Kur mit allem Drum und Dran, das ist doch genau das, was du jetzt brauchst. Mal so richtig runterkommen, die Batterien aufladen. Die Massagen mit diesen Ölen müssen die Wucht sein, und man muss sich übergeben, damit die innere Reinigung erfolgt. Oder du tauchst mit weißen Haien, so ein bisschen Risiko im Leben ist doch gar nicht mal so schlecht. Oder du machst eine Survivaltour, unter anderem zu Salzwasserkrokodilen, die werden ja bis zu acht Meter lang. Oder du arbeitest ehrenamtlich auf einer Schlangenfarm oder baust in Rio de Janeiro ein menschenwürdiges Bordell. Das sind alles super Ideen.«

»Du hast echt einen an der Waffel«, sagte ich. »Ich hab doch jetzt keine Zeit, durch die Weltgeschichte zu gondeln, spinnst du? Ich muss meine Zukunft planen und alles organisieren und hatte ehrlich gesagt gehofft, von dir Unterstützung zu bekommen. Und jetzt sagst du, ich soll mit weißen Haien tauchen und Salzwasserkrokodile streicheln. Ich glaube, es hackt.«

»Es war nur gut gemeint.« Gwendy hörte auf, die Tomaten herumzuschieben, und legte Messer und Gabel zur Seite. »Das ist kein Tomatensalat, das sind ertrunkene Tomaten, schwimmend im eigenen Sud«, meinte sie und trank ihr Glas leer. »Du musst mal was wagen! Du hast dich jahrzehntelang in Sicherheit gewiegt und nun stehst du vor den Scherben. Endlich bist du mal wieder Single. Wie herrlich! Aber anstatt mal so richtig die Sau rauszulassen, geht die Dame zur Arbeitsagentur.«

Ich funkelte sie an. Musste sie die Dinge so unbarmherzig auf den Punkt bringen? »Ich bin eben vernünftig.« Ich trank einen Schluck von dem exzellenten Wasser.

»Ja, zu vernünftig! Du brauchst endlich mal wieder Sex! Wann warst du zum letzten Mal mit Andreas im Bett?«

»Äh … ungefähr …«

Gwendy unterbrach mich. »Da haben wir es doch. Viel zu lange nicht! Wann hattest du deinen letzten Orgasmus?«

Ich blickte mich verstohlen um.

»Ja, ja, die Leute gucken schon und freuen sich auf ein Remake von ›Harry und Sally‹«, sagte Gwendy. »Aber das kann ich nun auch nicht ändern.«

»Pscht!«, wisperte ich.

»Nein, nix pscht.« Gwendy haute auf den Tisch. »Wir suchen jetzt ein Sexabenteuer für dich. Wir mieten dir einen Callboy. Das ist es. Einen knackigen Südländer mit Sixpack, schwarzen Haaren an den richtigen Stellen und einem Gemächt, dass sich Long Dong Silver eine Scheibe davon abschneiden könnte!«

»Wer ist denn Long Dong Silver?«, wollte ich ängstlich wissen. Das war mir gerade alles zu viel.

»Der Mann mit dem größten Penis der Welt«, erklärte mir Gwendy. »Angeblich kann er einen Knoten reinmachen. In ausgefahrenem Zustand soll das Ding sechsundvierzig Zentimeter lang sein. Die Länge des europäischen Durchschnittschwanzes beträgt übrigens knapp fünfzehn Zentimeter, stimmt's?«, fragte

Gwendy nun den Ober, der neugierig stehen geblieben war, jetzt rot wurde und weiterging.

»Ich will keinen Long Dong Silver. Und auch keinen Callboy.«

Gwendy holte ihr Handy und ihre Lesebrille heraus und gab bei Google die entsprechenden Suchbegriffe ein. Sofort wurde sie fündig. »Hier, Maurice in Hechthausen, das ist in Niedersachsen. Er bezeichnet sich selbst als … was?«

»Keine Ahnung.«

»Als tollen Hecht natürlich. Er mag alles, von zart bis hart, und er verwöhnt die Frau auch ein ganzes Wochenende lang, gern in einem netten Schlosshotel bei gutem Essen.«

»Das ich bezahlen soll und das eben kann ich nicht. Zahlen.« Jetzt wurde ich wirklich giftig. »Jetzt hör auf mit dem Kram. Ich wette, der heißt auch gar nicht Maurice, sondern Kevin und kommt eigentlich aus Zwickau. Das fehlt mir gerade noch.«

»Ein Schwabe wäre schlimmer.« Gwendy fiel gerade etwas ein. »Ich hatte mal einen aus Reutlingen, der hat beim Sex, wenn er kam, immer ›Jetzetle! JETZETLE!‹ gebrüllt. Das ging nicht lange gut zwischen uns.«

Irrte ich mich oder rückten die Gäste mit ihren Stühlen zentimeterweise näher, um bloß nichts zu verpassen?

»Oh Gott, bitte verschone mich mit deinen Sexgeschichten. Da ist eine schlimmer als die andere«, bat ich sie und versuchte, das Thema zu wechseln. »Mensch, Gwendy, mir wird der Boden unter den Füßen weggezogen und du redest von Männern! Die brauche ich jetzt wirklich als Allerletztes!«

»Dann tun wir eben jetzt endlich, was Frauen immer tun, wenn sie nicht wissen, was sie tun sollen: Wir gehen zum Friseur.«

»Das hast du neulich schon gesagt, und die Friseurin macht mir sowieso immer dasselbe«, jammerte ich herum. »Und überhaupt – warum soll ich mich schick machen, wenn ich gar nicht weiß, wofür?«

»Zahlen!«, rief Gwendy dem Kellner zu, der traurig nickte. Wahrscheinlich hatte er noch auf einen Striptease gehofft oder so. »Heute lade ich dich ein«, erklärte sie. »Meine ehegestrauchelte Freundin hat ja keine Mittel mehr.«

Sie war wirklich ein Schatz, den man manchmal allerdings ohrfeigen wollte.

»Ich mache das auch aus Eigennutz. Denn dieses ganze Gejammer macht mir ein schlechtes Karma. Wir gehen zu Hans-Dieter.«

»Wer ist denn das?«

Der Ober kam, sie zahlte und wir verließen das Salathaus. Die Leute schauten uns sehnsüchtig nach. Endlich war mal Bums in der Bude, und dann gingen die! Das zumindest stand in den Gesichtern der meisten.

»Hans-Dieter heißt eigentlich Heinz-Hermann«, erklärte Gwendy euphorisch. »Aber er fand, das sei ein Allerweltsname und überhaupt nicht mondän, deswegen nennt er sich jetzt Hans-Dieter. Ich hab ihn zufällig kennengelernt, als ich bei Frau Samira zum Handlesen war. Da solltest du dann auch mal hingehen. Vielleicht aber nicht gerade heute … Und überhaupt, einen Schritt nach dem anderen. Jedenfalls ist der Hans-Dieter erst vor Kurzem aus Hessen hergezogen. Er befindet sich in der Orientierungsphase und hat mit einem Freund einen Laden gemietet. Komm!«

Ganz offenbar war sie der Meinung, dass ich unbedingt aktive Veränderung in meinem Leben brauchte, nicht nur diese passive. Und da lag ein Besuch beim Friseur wohl nahe.

»Gwendy, mein Schatz, letztens hab ich dich gesehen und gerufen und gewinkt, dass ich fast vom Rad gefallen bin, aber du hast nichts gesehen und nichts gehört.«

»Da habe ich wahrscheinlich gerade einen Meditationswalk gemacht, Hans-Dieter«, erklärte Gwendy ihm.

»Auf einer Hauptverkehrsstraße? Nun ja.« Er klatschte in die Hände. »Was war denn das eben für ein merkwürdiger Anruf von dir: Deine Freundin liegt im Sterben und sie hat nur noch einen Wunsch, nämlich den, zum Friseur zu gehen?«

»Das habe ich nur gesagt, damit wir schnell einen Termin bekommen«, musste Gwendy zugeben.

»Man macht doch keine Witze mit dem Tod.« Er hob drohend den Zeigefinger und sah dann mich an. »Oder doch. Oh, da liegt aber wirklich einiges im Argen.« Er zuppelte an meinem Haar herum. »Wer hat denn da bitte voll und ganz versagt? So kann man doch keinen auf die Straße lassen. Na, setz dich mal, Herzchen.«

»Also ich weiß nicht«, wollte ich einen Rückzieher machen. Das ging mir alles zu schnell. »So ein Friseurbesuch muss doch wohlüberlegt werden«, flüsterte ich Gwendy dann zu.

»Ist er doch«, flüsterte sie zurück. »Lass Hans-Dieter nur machen, schließ die Augen und genieße.«

»Hm.« So ganz überzeugt war ich immer noch nicht, aber ich tat, was sie sagte.

Hans-Dieter zwinkerte uns zu, dann schob er sein Wägelchen an meinen Stuhl heran und begann erst mal mit einer Kopfmassage. Himmel, war das herrlich. Ich ließ meinen Kopf immer weiter in Hans-Dieters Hände sinken und döste tatsächlich weg.

»Ach, das arme Ding«, hörte ich Hans-Dieter sagen. »Traurig sieht sie aus … Dann wollen wir mal. Setz dich doch zu mir, dann können wir uns unterhalten«, sagte er dann zu Gwendy und die beiden fingen an, über Gott und die Welt zu reden, während ich immer tiefer wegdämmerte.

So herrlich war das, wirklich, so herrlich! Das hätte Stunden so weitergehen können. Mein Gott, wie entspannend. Warum hatte ich das nicht schon viel früher gemacht?

Irgendwann wurde ich jäh aus meinem Traum gerissen – von einem entsetzten Ausruf von Gwendy: »Wir dürfen sie auf gar keinen Fall wecken.«

5 Man will oft was anderes, als man braucht

Den Schrei, den ich ausstieß, als ich nach meinen Träumen, in denen ich Hand in Hand mit Andreas über den Wolken im Himmel auf einen Thron zugehüpft war, weil Lustig*Media* zum innovativsten Unternehmen des Jahres gekürt worden war, wieder zu mir kam, konnte man schätzungsweise drei Kilometer weit hören.

Ich weiß nicht, ob es gut ist, jedem Menschen in seiner Orientierungsphase eine Chance zu geben, und ich weiß auch nicht, ob Hans-Dieter wirklich freiwillig aus Hessen nach Hamburg gekommen war. Und ob ausgerechnet ich mich in meiner Situation zum Versuchskaninchen machen lassen sollte, war auch fragwürdig. Fakt jedoch ist, dass ich – nachdem mein Schrei verhallt war und ich die Frau, die vor mir auf dem Stuhl saß und mich ansah, als mich selbst erkannte – langsam begann, mich mit der mir neuen Fremdheit anzufreunden. Ich dachte zwar immer noch, dass ich bei Henri besser aufgehoben gewesen wäre, aber dennoch ... Das Gewichtigste an meiner Veränderung war die Farbe! Blutahorn war wohl die treffendste Beschreibung dessen, was da auf meinem Kopf los war. Das war zwar ungewohnt und sah auch nicht nach Grace Kelly aus, hatte aber mehr Charakter als mein ehemaliges Straßenköterbraunblond. Und zu meinen kornblumenblauen Augen passte es eigentlich, fand ich. Die Sache mit dem praktischen Pferdeschwanz konnte ich nun auch vergessen, denn nun hatte ich einen Pony, und zwar einen raspelkurzen. Der Rest der Frisur ging in Richtung Bob, gestützt durch eine Wasserwelle, sodass mein Hinterkopf ein wenig an den Buckel eines Gnus erinnerte. Aber auch hier galt: Sah man lange genug hin, erkannte man Fülle und Größe im besten Sinne.

Insofern war diese Spontanaktion vielleicht nicht genau das, was ich mir gewünscht hätte, aber im Ergebnis womöglich das, was ich brauchte.

Die fremde Frau da im Spiegel fing an, mir zu gefallen, und mit einem Lächeln im Gesicht fragte ich Gwendy, ob wir den Tag nicht doch noch mit einem Kilo Fleisch und drei Liter Rotwein beschließen wollten. Was wir dann auch in einem argentinischen Steakhaus taten. Der Kellner machte mir schöne Augen. Am Ende sah ich ihn doppelt und ich beschloss, den nächsten Tag darauf zu verwenden, mir wirklich zu überlegen, was genau ich in Zukunft tun wollte.

Gwendy meinte ja, ich solle erst mal mit dem Kellner ins Bett gehen, das wäre genauso effektvoll wie der Friseurbesuch. Aber schlussendlich wären es ja gleich zwei gewesen und ich musste mich nun mal erst um meine berufliche Perspektive kümmern und nicht gleich um die emotionale.

Ich versprach aber, mir diese Datingportale wenigstens mal anzuschauen.

* * *

Der Blick in den Spiegel am nächsten Morgen war eine etwas zwiegespaltene Angelegenheit: Einerseits gefiel mir der

Blutahorn, andererseits fielen mir nach dem langen Tag gestern doch die Fürchlein und Fältchen auf, die sich im gesamten Gesicht besonders zahlreich versammelt hatten. Ich überlegte, ob ich mit den Schönheitsreparaturen einfach weitermachen sollte. Ein bisschen Botox hier, bisschen Schlupflid weg da … Den Unterschied würde man sicher sofort sehen. Das Verkniffene wäre dann bestimmt weg und das Engstirnige auch. Ich wäre weich und glatt wie ein Pfirsich und alle würden mich anlächeln, weil ich insgesamt so harmonisch rund wirkte – wie eine genetisch veränderte, kern- und geschlechtslose Weintraube.

Ich würde zurücklächeln, aber die Leute würden gar nicht auf mein Lächeln reagieren. Warum würden sie das nicht tun? Weil mein ganzes Gesicht ja wie festbetoniert wäre von diesem Botox. Egal wie sehr ich zucken, blinzeln, lächeln, die Augenbrauen hochziehen, die Lippen schürzen wollte … es könnte ja niemand mehr sehen! Ich wäre gefangen hinter meiner eigenen Maske. Einer Maske, die einer geschlechtslosen drallen Weintraube glich – ja, wollte ich *das* etwa?

Nein! Das wollte ich nicht. Dann doch lieber eine Rosine, die noch freundlich lächeln kann, dass man es auch sieht. Und so alt war ich ja nun auch noch nicht. Ich war so auf halbem Weg zwischen Traube und Rosine. Ich hatte einfach etwas zu lange im Regal gelegen.

Aber aus dem hüpfte ich ja gerade raus.

Ich nahm also die Ringe und Kringel und Fürchlein in meinem Gesicht in Kauf und freute mich darüber, dass man bei meinen Augen nicht nur das Schlupflid sah, sondern auch, dass ich in meinem Leben viel und gern gelacht hatte. Nicht dass ich mich wirklich daran erinnern könnte, aber Falten um die Augen haben etwas Fröhliches.

Und wenn ich mein Projekt an diesem Morgen – Frühstücken am Alsterlauf als Selbstständige – nicht verzagt abbrechen wollte, dann musste ich das jetzt so sehen.

Ich schaltete das Licht am Schminkspiegel ab – das war ohnehin grauenhaft. Deshalb baute ich direkt den ganzen Schminkspiegel ab und warf ihn in den Müll. Und damit konnte ich dann wirklich los. Ich hatte etwas eminent Wichtiges für mich und die Generation fünfzig plus getan. Etwas, das mein Selbstbewusstsein stärkte. Und das meiner Generation.

Genau mit diesem guten Gefühl betrat ich das Café Bistro im Eppendorfer Abendrothsweg, in dem ich über meine Zukunft nachdenken wollte.

Es war ein schönes Café mit kleinen Holztischchen vor dunkelbraunen Lederbänken und mit Holzstühlen auf der anderen Seite vor bodentiefen Fenstern. Die Musik war ruhig-behaglich und unterstrich das Gefühl von Großstadt, die deinen Wunsch respektiert, zur Ruhe zu kommen. Es war wie gemacht für Frauen wie mich: Komm an, sei du selbst, ommm, alles ist gut.

Ich setzte mich unter ein Bild mit einem Frosch, das mir besonders gut gefiel, und taxierte kurz die Gäste: An zwei Tischen saßen jeweils zwei Ehefrauenmuttis und schuckelten lächelnd ihre Kinderwagen. Vor ihnen dampfte Tee. Ich schnappte Brocken ihrer Unterhaltung auf: »Wenn Paul in der Kita am Lehmweg abgelehnt wird ...« – »Ich musste nach sieben Monaten abstillen und mache mir Vorwürfe …« – »Es gibt noch kein gutes Biomilchpulver …«

Ich versuchte krampfhaft, meine Ohren vor diesen Diskursen zu verschließen. Diese Frauen hätten meine Töchter sein können. So gesehen – Pia war gerade in Australien, einundzwanzig Jahre jung, und mit Pech würde ich das auch bald von ihr hören: »Mama, es gibt kein Biomilchpulver in Brisbane.«

Und dann muss dein Kind verhungern, oder was? Eine Sekunde lang fragte ich mich, ob ich mir bei Eike und Pia auch mal einen Kopf um die Qualität meiner Milch oder der industriell gefertigten gemacht hatte. Doch ich glaube, mein Gedanke damals war einfach: Hauptsache, es schmeckt und sie werden satt.

Diese Mütter schienen viel besorgter und es regte mich auf, weswegen mein Blick zu den anderen beiden Tischen wanderte, an denen zwei Fredis vor ihren PCs hockten.

Das passte natürlich auch: Männer schuckeln keinen Kinderwagen, sie schuckeln ihren Laptop. Mein Gott, wollte denn jeder in dieser Welt wichtig sein oder sich hinter irgendwas verstecken?

Ich hatte ja nun grad beschlossen, mein Rosinengesicht in die Welt zu halten, aber plötzlich kam mir doch in den Sinn, dass ein Buch zur Gesellschaft nicht schaden würde. Irgendwas, das mich vor dem großen Alleinsein hier schützte, das mich erneut zu befallen drohte.

Ich nahm also die Speisekarte in die Hand, schluckte einmal trocken, als ich die Preise sah, bestellte dann aber doch Spiegeleier mit Speck und Kaffee, packte mein Notizbuch aus und strich die offene Blankoseite in der Mitte glatt:

Links war für: Mag ich nicht/kann ich nicht gut.

Rechts für: Mag ich/kann ich gut.

Ich hatte gar nicht gemerkt, wie die Zeit vergangen war. Dass ich wohl schon ziemlich lange dort saß, merkte ich irgendwann an den drei leeren Tassen vor mir, die leider nicht abgeräumt wurden.

Die beiden Seiten in meinem Notizbuch hatte ich noch in vier Untergruppen eingeteilt: berufliches Umfeld, privates Umfeld, soziale Kompetenz, fachliche Kompetenz. Ich dachte, so würde ich mir am besten auf die Spur kommen. Das Ergebnis war ein ziemlich wildes Durcheinander aus Pfeilen und Querverweisen.

Also blätterte ich um und schrieb alles ordentlich auf. Das sah dann so aus:

Linke Seite: Mag ich nicht/kann ich nicht:

Berufliches Umfeld: Macker, Autoritäten, immer allein, lange Entscheidungswege, Auslandsreisen, stumpfes Abarbeiten, Technik, unklares Briefing, unklare Verantwortlichkeiten → fehlende Klarheit

Fachliche Kompetenz: Verkaufsveranstaltungen vor hundert Leuten (Großakquise), Excel-Tabellen, Pivot-Tabellen, IT, »Festbeißen«, Pragmatik

Privates Umfeld: Angeber, Pärchenabende, Tupper-Partys, Theaterbesuche, Partys, Fitnessklubs

Soziale Kompetenz: Alphatiere, Leisetreter

Rechte Seite: Mag ich/kann ich:

Berufliches Umfeld: mit Menschen umgehen, Kommunikation, langfristige Projekte, Kreativität, Seminare, sichtbare Erfolge

Privates Umfeld: gute Gespräche, eher zu zweit als zu siebt, Strandspaziergänge, Waldspaziergänge, Museumsbesuche, Radfahren, Yoga

Fachliche Kompetenz: Vermitteln, Kommunikation, Analyse, Lösungsorientierung, Wissen, Struktur, Führungserfahrung

Soziale Kompetenz: aktives Zuhören, Vermitteln, Hilfsbereitschaft, Unterstützung anderer

Begriffe wie »Selbstzweifel« und »unterwürfiges Verhalten« ließ ich ganz raus, weil ich diese Verhaltensweisen zwar nicht mochte, sie aber dennoch zuweilen hatte beziehungsweise an den Tag legte. Das passte also nirgendwohin außer in ein To-do, das da heißen könnte: Themen für Therapie. Aber das würde, wenn, ganz hinten stehen.

Ich sah mir die Begriffe an und mir wurde schnell klar, dass ich sowohl beruflich als auch privat Strukturen schätzte, dass ich Menschen auf Augenhöhe begegnen wollte, gern half und mich lieber in Zusammenhängen bewegte, die keine Massenveranstaltung waren, sondern eher auf Bindung und Verbindlichkeit abzielten. Hierarchien waren mir nicht so lieb, aber der erste Schritt fiel mir auch nicht ganz leicht. Das ging alles in Richtung Beratung, Empathie, Unterricht – und ich notierte mir: Coaching?

Privat war mir wohl zu empfehlen, mit Menschen an der Luft zu sein und neue Kontakte nicht in rauchigen Klubs zu knüpfen.

Ich überlegte eine Weile, wie ich das wohl beruflich und privat umsetzen könnte, und schrieb mir folgende To-dos auf:

- Alte Businesskontakte anrufen, die Beratungsleistung/kreative Unterstützung brauchen könnten (Nikolas Krause)
- Informieren, welche Coaching-Ausbildungen es gibt und was sie vermitteln
- Soziale Gruppen finden, die draußen zwanglos etwas unternehmen
- Auf Datingplattformen anmelden und nach Männern suchen, die fürsorglich und naturverbunden sind

Sehr zufrieden mit mir und dem Tag wollte ich Gwendy meine Erkenntnisse mitteilen, bevor ich Nikolas anrief. Ich hatte offenbar doch ein gewisses Rückversicherungsbedürfnis. Das schrieb ich auf keine Seite.

6 Alte Zöpfe abschneiden

»Und, wie findest du das?«

»Was?«

»Na, meine Mindmap, meine Erkenntnisse?«

Gelangweilt sah Gwendy mich an. Ich hatte sie beim Entwurf eines neuen Sternenbilds für ihre Homepage unterbrochen und ganz offensichtlich wurde sie dabei nur ungern gestört.

»Was genau ist denn so neu an deinen Erkenntnissen?«

Ich merkte, wie Wut in mir aufstieg. »Neu daran ist zum Beispiel, dass ich so etwas überhaupt mache. Ich habe mir in über zwanzig Jahren die Frage, wer ich bin und was ich will, nie gestellt. Das finde ich schon sehr neu!«

»Carola«, sagte Gwendy ernst und legte ihren Pinsel zur Seite. Das gelbe Gewand umwehte sie sanft. »Vielleicht hast du noch nie eine Mindmap gemacht, aber seit ich dich kenne, versuchst du, irgendwas rauszufinden, zu optimieren, zu verändern, zu zerdenken. Fang doch endlich mal damit an, etwas zu tun! Astrologisch gesprochen standen die Sterne nie besser dafür. Venus und Merkur nehmen beide zu. Das ist sowohl für die Liebe als auch für die Finanzen ganz günstig. Lass dich doch mal treiben, lass Dinge auf dich zukommen. Tu was, was du sonst nie tun würdest …«

»Das habe ich gestern getan«, sagte ich und zeigte auf meinen Kopf.

»Und? Bereust du's?«

»Nein«, maulte ich kleinlaut.

»Na siehst du.«

»Aber trotzdem: Um etwas zu tun, muss ich doch erst mal wissen, was ich will. Und ich glaube, ich will eine Coaching-Ausbildung machen und einen Naturliebhaber kennenlernen«, platzte es aus mir heraus.

Einen Moment starrte mich Gwendy nur an. Dann nahm sie den Pinsel und malte einen gelben Smiley auf ihr Astrobild. »Na also«, sagte sie. »Geht doch. Mir immer noch etwas zu spießig, aber wenigstens haust du jetzt mal auf den Tisch!«

Zufrieden machte ich mich auf den Nachhauseweg.

* * *

Es war 15.22 Uhr. Es war Dienstag. Es war die perfekte Zeit. Und Nikolas war der Garant für meinen ersten Job. Ich kannte ihn seit zehn Jahren. Wir hatten super Kampagnen zusammen gefahren. Und er hatte mir mal durch die Blume gesteckt, dass es in seinem Vertriebsteam nicht so richtig stimmte. Da hatte ich gleich zwei Anknüpfungspunkte. Er würde der Erste sein, der mich voll und ganz unterstützte. Da war ich so sicher!

»Landmaschinen Krause, Lobrecht am Apparat, was kann ich für Sie tun?«

»Hallo, Anni, hier ist Carola, ich würde gern mit Nikolas sprechen.«

»Äh … wer ist da bitte?«

Ich verdrehte die Augen und hielt dabei, auch wenn es nicht nötig gewesen wäre, die Hand vor das Mikrofon. Als ob wir uns nicht gut genug kennen würden! »Carola Lustig … Lustig*Media*, wir kennen uns und ich würde gern mit Nikolas sprechen.«

»Ah, Carola, hallo. Ich hab deine Stimme gar nicht erkannt. Worum geht's denn?«

Was war denn das für eine Frage? Wieso wollte diese Nuss wissen, worum es ging? Ich kannte Nikolas wirklich gut. So Kampagnen-wise … Andererseits brachte mich das hier auch gerade in eine echte Klemme, denn: Wie sollte ich diese Frage nur beantworten? *Du, ich brauch 'nen Job, weißt du?*

»Es geht um eine Kampagnenidee«, log ich, »und es ist wirklich wichtig.«

»Um die für den Erdbeerhof oder den Süßkartoffelstampfer?«, hakte Anni nach, die ich in all den Jahren nie so penetrant erlebt hatte.

»Neeeiiin«, entgegnete ich lang gezogen, »weder noch. Eine andere.«

Kurzes Schweigen. »Hm, ich weiß von gar keiner anderen und Nikolas ist heute wirklich fast nur in Meetings. Kann er dich vielleicht zurückrufen?«

Also, das wurde ja immer schöner. Wollte die mich jetzt auch noch vertrösten, oder was? Da ich aber schlecht sagen konnte, dass ich die Kampagne dann eben nicht mit Landmaschinen Krause, sondern mit einem Mitbewerber fahren würde, da es ja keinen gab, und die »Kampagne« ein Synonym für »Existenzsicherung Lustig« war, musste ich ja wohl einlenken. »Kein Thema«, sagte ich also so geschmeidig wie möglich. »Wann passt es denn?«

»Warte, ich guck mal …« Ich sah förmlich, wie sie mit Adleraugen durch den Outlook-Tag von Nikolas Krause huschte. »Halb zehn morgen Vormittag sieht ganz gut aus. Er meldet sich. Tschüss.«

Bevor ich noch ein »Okay« in den Hörer stammeln konnte, hatte sie bereits aufgelegt.

Also, so hatte ich mir das nicht vorgestellt, und ich fragte mich angesichts dieser abwimmelnden Kurzangebundenheit, ob es sich vielleicht schon irgendwie herumgesprochen hatte, dass Carola Lustig bei Lustig*Media* ausgestiegen war.

Was mir auch missfiel, war das Gefühl, das mich beschlichen hatte, als Anni Krauses Terminkalender überprüft hatte. So ein Kalender hat die glanzvolle Eigenschaft, dir eine Bedeutung und Wichtigkeit zu geben. Hast du Termine, hast du was zu tun, was zu sagen, bist gefragt. Und wirst dafür bezahlt. Ich hatte bis vor Kurzem auch so einen Kalender gehabt. Einen randvollen. Kokett hatte ich mir häufig den imaginären Schweiß von der Stirn gewischt, wenn ein Mitarbeiter mich auf dem Flur abpasste:

»Du, Carola, nur ganz kurz …«

»Geht jetzt nicht, muss ins nächste Meeting, sorry.« Herrgott, konnte einem das ein gutes Gefühl geben.

Diese Woche standen genau drei Termine bei mir drin:

Montag, 8.00 Uhr, Agentur für Arbeit – erledigt.

Dienstag, 15.30 Uhr, Krause anrufen – erledigt.

Mittwoch, 11.00 Uhr, Pia AUS anrufen – klang jetzt nicht sooo wichtig.

Aber, ermahnte ich mich selbst und dachte an mein Gespräch mit Gwendy zurück: Dieser Business-Schnack vermittelte ja ohnehin die falschen Werte. Den wollte ich ja nicht mehr. Selbst gewählt! Armer Nikolas, wenn er so sinnentleert von einem Meeting ins nächste rasen musste. Das brachte doch auch nichts.

Blieb für mich nur die Frage, was ich jetzt so tun wollte den Rest des Tages. Auf den Naturliebhaber hatte ich grad keine Lust mehr. Das Telefonat eben war mieses Karma.

Ich könnte es noch mal mit Yoga versuchen. :-(

Spazieren gehen. :-(

Eine Freundin anrufen? Ich hatte keine richtige außer Gwendy. :-(

Ich merkte, dass ich so nicht weiterkam und mich das leise Gefühl einer gewissen inneren Leere nicht ganz losließ. Dagegen musste ich etwas unternehmen. Und plötzlich wusste ich auch, was: Ich würde jetzt in meine Lieblingsbuchhandlung gehen und mir ein Dutzend Ratgeber kaufen: »Die Kunst, du selbst zu sein«, »Die Kraft des positiven Denkens«, »Folge deiner inneren Stärke«. :-) :-) :-)

Ja. Das klang gut. Mantel über und los. Aufbruch 3.0!

Und so marschierte ich mit einem noch mal ganz neuen Mindset durch die Straßen von Hamburg-Eppendorf, sah in die Auslagen der kleinen Läden, beobachtete den Dönermann aus dem Imbiss beim Schneiden von Dönerfleisch, schaute mir die Fahrradfahrer an, die mit und ohne Helm gebückt an den Ampeln warteten, ältere Damen mit Rollator, die sich trafen und zu einem Plausch anhielten, einen jungen Mann am Handy, dessen Blick ziellos auf den Kanal mit den Enten fixiert war, und diese viel zu großen Autos mit den viel zu kleinen Menschen darin, auf dem Weg von A nach B, wie es der Outlook-Plan eben täglich vorgab.

Irgendetwas an diesem Bild befriedete mich. Vermutlich gefiel mir zunächst einmal, dass ich es überhaupt wahrnahm. Ich war doch bis gestern auch so eine von diesen A-nach-B-Tanten gewesen. *Husch, husch, aus dem Weg, ich hab's eilig …*

Im Moment hatte ich es aber nicht eilig. Im Gegenteil, ich hatte alle Zeit der Welt. Noch mehr gefiel mir aber, dass hier so vieles nebeneinander Bestand hatte und ja offenbar auch irgendwie lebte. Ich meine, man starb nicht, wenn man als unterbezahlte Marketingleiterin gekündigt wurde. Man gab ein bestimmtes Leben auf. Man würde sich neu orientieren müssen.

Man würde Ängste kennenlernen, die man lieber nicht kennengelernt hätte. Aber man starb nicht!

Und mehr noch: Wenn man sich nicht ganz doof anstellte, würde man etwas dazugewinnen. Wenn einem das eigene innere Sicherheits- und Sorgentier nicht völlig in die Wade biss, dann gewann man sogar enorm dazu: neben der Freiheit und der Unabhängigkeit das, was ich gerade hatte – einen unverstellten Blick auf die Menschen um mich herum.

Ich war ungeheuer froh über diese Erkenntnis und dachte schon, dass ich mir mindestens sieben der zwölf Ratgeber gleich sparen könnte, als ich hinter mir eine Stimme hörte.

»Carola?«

Ich drehte mich um und sah in die Augen eines jungen Mannes, der gut und gern der Freund meiner Tochter hätte sein können.

»Ja?«

»Du erkennst mich nicht?«

»Nein!« Ich war noch so in meinen neuen Erkenntnissen gefangen, dass mein Gehirn dieses Gesicht nicht zuordnen konnte.

»Heiko von movedmotion!« Er reichte mir die Hand. »Wir haben uns vergangenes Jahr auf einem Digitalkongress in Berlin kennengelernt. Weißt du nicht mehr? Wir saßen zusammen auf dem Podium … Ich hätte dich allerdings auch kaum erkannt. Du siehst gut aus!«

In mir ratterte es und fast wäre mir vor Schreck meine Tasche von der Schulter gerutscht. Denn wenn ich mich an etwas ganz sicher *nicht* erinnern wollte, dann an diese unsägliche Podiumsdiskussion zum Thema Human Resources und KI im Consumer Marketing. Ich war kurzfristig eingesprungen, weil unser Digital Manager krank geworden war. Aber dass ausgerechnet ich mit diesen wirklich ambitionierten digitalen Hipstern, die wahrscheinlich jünger waren als die Generation Y, über die Themen Brand Building und E-Commerce diskutieren sollte, war geradezu lächerlich.

Pflichtbewusst wie ich war, hatte ich es trotzdem getan, und es ist unschwer vorzustellen, in welchem Desaster das geendet hatte.

Eine der jungen Frauen, Kommunikationsberaterin eines großen Onlinehändlers, sagte ziemlich direkt am Anfang: »Wir alle hier brauchen sofort einen Blog.«

Hilfsbereit wie ich war, kramte ich in meiner Tasche, weil ich immer mehr als einen Block dabeihatte, zog einen heraus und reichte ihn ihr.

Ich vermute, dass mich ungefähr zweihundertfünfzig Augenpaare auf den vier Leinwänden verständnislos anstarrten, bevor der ganze Saal in schallendes Gelächter ausbrach.

Da ich das nicht verstand und völlig verunsichert war, lachte ich einfach mit, steckte meinen Block wieder in die Tasche und brachte hinter mich, was nicht mehr zu retten war.

Am Ende der Veranstaltung, als ich schweißgebadet fluchtartig das Podium verlassen hatte, war tatsächlich der junge Mann, der jetzt in Eppendorf vor mir stand, auf mich zugekommen. »Du weißt nicht, was ein Blog ist, oder?«

Ich war damals puterrot geworden. Natürlich wusste ich, was ein Blog war. Aber wenn mich jemand so mir nichts, dir nichts auf einen Blog anspricht, schaltet mein Gehirn eben auf Block und nicht auf Blog. Es klingt doch so zum Verwechseln ähnlich …

So viel dazu.

»Doch, weiß ich jetzt wieder«, antworte ich also, darauf gefasst, dass er mir meine schöne neue Weitblickwelt gleich wieder in Stücke hauen würde.

»Ist ja irre, dass ich dich heute hier treffe.«

Ich nickte verhalten abwartend. Ja-ha. Das fand ich auch. Gebraucht hätte ich es nicht.

»Ich fand dich echt cool da letztes Jahr in Berlin. Hättest du Lust, einen Kaffee mit mir zu trinken?«

»Was?«

»Oder lieber einen Tee?«

»Sag das noch mal.«

»Was? Kaffee oder Tee?«

»Nein, das andere!«

»Welches andere?«

»Du fandest mich cool?«

Dunkelbraune Augen sahen mich an – unschuldig, süß, einen Hauch fragend. »Ja. Sowieso. Warum?«

Ich sah mich um, klatschte einmal kurz in die Hände, drehte mich im Kreis, ging in die Knie, kam wieder hoch. »Mich?«

Jetzt war Heiko echt irritiert. »Du bist doch Carola Lustig, oder?«

Ich grinste ihn an und hakte mich bei ihm unter. Ja, das war ich. Und das würde ich sein: Carola Lustig. Auf ihrem eigenen Kurs.

7 Unverhofft kommt oft

Sechs Uhr war es schon, als ich mit erhitztem Kopf und drei leeren Cappuccino-Bechern vor mir langsam müde wurde. Ich hätte noch Stunden mit Heiko reden können, aber der Tag war auch so schon sehr ereignisreich gewesen und ich fühlte mich ein wenig überfordert.

Es hatte damit angefangen, dass er mir, kurz nachdem wir die erste Runde Brownies und Kaffee geordert hatten, mit sorgenvoller Miene gestand, dass er trotz knallvoller Auftragsbücher das letzte Geschäftsjahr fast mit Verlust abgeschlossen hätte.

Dazu fielen mir natürlich tausend Fragen ein. Die erste war: »Wie das denn?«

Darauf schüttelte er den Kopf und meinte weinerlich, dass er das eben auch nicht wisse.

Also lehnte ich mich zurück und fing ganz von vorn an: »Was hast du denn budgetiert?«

»Was?«

Ich rollte mit den Augen und schüttelte den Kopf. »Du hast doch bestimmt irgendwann einmal geplant, was du wofür ausgeben willst, wo du investieren möchtest, welchen Personalschlüssel du hast, wie ihr die Aufträge, die du akquirieren willst, sowohl von den Kosten als auch von den Ressourcen abbilden könnt …?«

Hundeblick.

»Heiko«, fuhr ich streng fort. »Du musst doch wissen, was du hast und was du kannst, wenn du mit deinen Werbefilmen Geld verdienen willst. Du musst doch wissen, wer deine Zielgruppe …«

Bei dem Stichwort fiel er mir glücklich ins Wort: »Wir waren auf der Berlinale. Mit zwei Kurzfilmen. Die kamen super an!«

Ich stutzte. »Macht ihr auch Spielfilme?«

»Nein!« Entgeisterte Miene.

»Warum wart ihr dann auf der Berlinale?«

»Die Berlinale ist das größte Bewegtbildfestival der Welt. Und wir wurden zugelassen. Das steht jetzt auch auf unserer Homepage.« Heiko versuchte zu retten, was in meinen Augen nicht zu retten war.

Ich bohrte trotzdem nach. »Was hast du dir denn von der Berlinale versprochen?«

»Aufmerksamkeit.«

»Von wem?«

»Was?«

»Von wem, Heiko?«

»Na, von der Presse, von den Leuten, die uns sehen … was weiß ich … Berlinale eben.«

Ich schüttelte den Kopf. »Heiko«, sagte ich ernst. »So funktioniert das nicht …«

»Nicht?«

»Nein.« Ich kratzte den kalten Schaum vom Tassenrand und war so was von in meinem Element. »Was motiviert dich?«

Ach, wie mochte ich sein Strahlen. Ich wusste, dass es nicht lange auf seinem Gesicht liegen würde. »Ich mache die geilsten Werbefilme aller Zeiten.«

Ich nickte. Manchmal muss man das auch einsetzen. Zustimmendes Nicken. »Genau. Und was möchtest du damit erreichen?«

Er überlegte. »Vielleicht einen Fox Award oder Mercury … sind beide gut … Den deutschen Preis haben wir ja schon.«

»Wie ist es mit Geld verdienen?«

Heiko sah mich aus tellergroßen Augen an. »Na, das kommt doch dann von ganz allein!«

»Und wie, sagtest du, ging dein letztes Geschäftsjahr zu Ende?«

Mimimi …

So ging das noch eine ganze Weile hin und her. Am Ende der zwei Stunden war uns beiden klar, dass movedmotion vor Kreativität nur so strotzte, aber keine Ahnung vom Geschäft hatte. Sie brauchten jemanden, der den Laden wirtschaftlich auf Kurs brachte. Nur leider hatten sie kaum noch Geld.

Ich bat ihn trotzdem, zu unserem nächsten Treffen, zu dem wir uns verabredeten, so etwas Ähnliches wie eine Gewinn-und-Verlust-Rechnung mitzubringen. *Kostenaufstellung, Projektperspektive, technisches Equipment, Manpower … die Basics halt,* dachte ich. Heikos dankbares Lächeln war eine schöne Belohnung.

In dem Bewusstsein, dass ich nicht einen einzigen Lebensratgeber hatte kaufen müssen, um in diesen positiven Stimmungsflow zu kommen, stellte ich gleich selbst die erste meiner neuen Regeln auf, die da lautete: Egal was du tust, tue es! Denn machen ist wie denken, nur krasser.

Den Rest des Abends wollte ich nun damit verbringen, mich mal im Internet nach neuen Freizeit- und Beziehungsmöglichkeiten umzuschauen.

Wenn man bedenkt, dass ich erst vor vier Tagen von Jasmin und dem Scheitern meiner Ehe erfahren hatte, war ich doch schon ganz schön weit gekommen, fand ich. Eventuell hatte Gwendy ja recht: Vielleicht hatte ich doch schon viel länger aus meinen Mustern ausbrechen wollen, als ich es wahrgenommen hatte. Vielleicht war meine Ehe gar nicht mehr so glücklich gewesen. Vielleicht war Andreas ein netter Kerl, mehr aber auch nicht … Vielleicht wäre es auch mal ganz schön, nach fast fünfundzwanzig Jahren noch mal jemanden kennenzulernen, der mich lieb ansieht, der eher gemütlich ist als aktiv, der es schön findet, eine Frau zu verwöhnen, und nicht ständig Jagd macht auf Anerkennung und Aufträge. So wie Andreas.

Ich dachte an meinen neuen Haarschnitt, meine Mindmap und an Heiko. Eigentlich war es unglaublich, was ich in den vergangenen vierundzwanzig Stunden alles geschafft hatte, weil ich musste – und wie gut es mir gefiel.

Ich guckte erneut in den Spiegel. Die Haare und meine Augen sahen wirklich ganz gut zusammen aus. Ich musste für diese Datingplattformen unbedingt neue Fotos machen. Ich war jetzt ja ein ganz anderer Typ!

Ich fuhr meinen Computer hoch und versuchte zunächst, mich in mein altes Facebook-Profil einzuloggen. Da ich es seit Jahren nicht mehr benutzt hatte, musste ich zunächst ein neues Passwort anfordern, denn auch mein Standardpasswort, das ich seit Jahren für alles Mögliche benutzte, war noch zu jung. Ich wählte *Patina53* und versuchte, mich zurechtzufinden. Facebook-Gruppen, so hieß es doch, sind der Schlüssel zum sozialen Glück. Ich war begeistert, wie toll das klappte, und es dauerte nicht lange, da war meine Liste an Gruppen, denen ich beigetreten war, länger als die Liste meiner Freunde (was ja nun auch nicht überraschend war):

elbstrandÜ40

HamburgerMädelsab50

Singles in Hamburg

Kegeln in Hamburg

Tanzen in Hamburg

Kultur in Hamburgab50

Frauennetworking_silverline

Niewiederallein

Wonder_of_love

Und so weiter und so fort – bis ich bei etwa dreißig Gruppen angelangt war. Wie genau ich die verwalten und mich dort bekannt (und beliebt) machen sollte, wusste ich noch nicht, aber immerhin war ich erst mal drin.

Und dann näherte ich mich auch dem Internet auf strategische Weise. Es war schon erstaunlich, was es nicht alles an Möglichkeiten gab, sich mit anderen Menschen zu vernetzen und gleich ganz vertraut mit ihnen zu sein, obwohl man bis gestern noch gar nicht gewusst hatte, dass man seit vier Jahren nebeneinanderwohnte. Nachbarschaft.de war so ein Forum. Da konnte man sich eine Leiter leihen, ein Atelier für vormittags suchen oder jemanden zum Tanzen oder Essengehen finden.

Dann gab es Foren für Gruppen jeder Art: schreiben lernen, malen lernen, gemeinsame Ausflüge, gemeinsam spielen, gemeinsam networken, gemeinsam arbeiten. Linedance schien auch so eine neue Mode zu sein, das gab es gleich vier Mal. Allerdings fand ich es erschütternd, dass sämtliche Tischlerkurse im näheren Umfeld nur von Frauen für Frauen veranstaltet wurden. Ich meine, natürlich sind Frauennetzwerke etwas ganz Großartiges und ich konnte neben Gwendy durchaus noch andere weibliche Bekannte vertragen. Aber irgendwie hatte ich doch das Gefühl, jüngst habe ein Krieg stattgefunden und alle Männer mit sich genommen.

Davon aber wollte ich mir nun auch nicht die Laune verderben lassen, denn Fakt war ja, dass einem für Freizeitaktivitäten ohne eigenen Bekanntenkreis in dieser Stadt Tür und Tor offenstanden. Mit diesem Massenangebot hatte ich nun doch nicht gerechnet. Die ganze Welt war einsam, so schien es – die ganze weibliche Welt zumindest.

Und das war dann der Grund, warum ich mich direkt auch mal bei den Partnerbörsen im Internet umschaute.

8 Dating für Dummys

Ich dachte mir: *Also, es wäre ja gelacht, wenn es hier nicht ein paar nette Männer gäbe, mit denen man mal einen Kaffee trinken gehen könnte. Und wer weiß denn schon: Vielleicht ist ja sogar der Richtige dabei. Zumindest jemand, der einen ein bisschen verwöhnt, mal was Liebes sagt und nicht erwartet, dass man das Jackett zur Reinigung trägt.*

Fast alle Börsen kosteten Geld, waren aber die ersten dreißig Tage kostenlos. Ich meldete mich also erst mal bei zwei seriös wirkenden an und schrieb mir dann einen Zettel, damit ich nicht vergaß, die Mitgliedschaften rechtzeitig zu kündigen. Denn ich wollte ja nun nicht monatelang suchen. Entweder das Schicksal schickte mir recht flott jemanden oder es sollte noch nicht sein – auch wenn man immer wieder von Frauen hörte, die seit Jahren ihren Mr Right suchten und ihn nicht fanden. Die erzählten in Magazinen und Dokus gern von ihren Flops mit den Kerlen, manche gerieten auch an Heiratsschwindler und merkten es blind vor Liebe natürlich erst mal nicht. Über so was konnte ich wirklich nur den Kopf schütteln. Man musste doch merken, wenn es einer nur aufs Geld abgesehen hatte. Und wie konnte man jemandem – das kam tatsächlich immer wieder vor –, den man noch nie gesehen hatte, mehrfach Geld überweisen? Meistens war eine kranke Mutter im Spiel, der Sohn brauchte eine Herz-OP, die nur in den USA möglich war, der traumatisierte Hund benötigte eine Delfintherapie oder der Mann selbst hatte im Glauben an die Ehrlichkeit einem windigen Broker sein ganzes Erspartes gegeben. Dann hatte sich herausgestellt, dass es an eine Briefkastenfirma auf den Cayman Islands gegangen war, und nun war das Geld mitsamt dem angeblichen Broker verschwunden und Rob/Thomas/André konnte seine Miete nicht mehr zahlen und würde schon bald auf der Straße landen und Pfandflaschen aus Mülltonnen sammeln müssen, wenn er dazu überhaupt noch die Kraft hätte.

Nicht mit mir! Ich war immerhin eine Frau, die mit beiden Beinen im Leben stand und die Betrüger sehr wohl durchschaute. Gut, meinem eigenen Mann hatte ich nicht angemerkt, dass er mich betrog, aber das hatte ja jetzt hiermit nichts zu tun.

Ich klickte einige Kriterien an, die ich bei einem Mann als besonders wichtig empfand: Ehrlichkeit, Treue, Intelligenz, Witz, Empathie. Bei Alter kreuzte ich über fünfzig an, bei Gewicht schlank.

Dann das Äußere: groß bitte (ich hasste es, wenn Männer kleiner waren als ich), breite Schultern wurden von mir gern genommen, dunkle Haare, Dreitagebart war auch okay. Unterarme waren mir wichtig. Sie mussten perfekt behaart und muskulös sein, aber das wurde in der Liste der Merkmale nicht angeboten.

Na ja, es reichte ja auch erst mal. Mir wurden auch gleich Männer vorgeschlagen. Der erste nannte sich Der_Komtur, war in meinem Alter, wohnte in Lübeck und sah sehr nett aus. Keine wirkliche Schönheit, aber man durfte auch nicht zu viel erwarten. Das war ja keine Modelkartei. Während ich mich fragte, was Komtur wohl bedeutete, klickte ich sein Profil an. Er hatte zusätzliche Fotos von sich online gestellt, aber die konnte man nur mit der Gold-Mitgliedschaft sehen. Aber eins reichte ja erst mal. Der_Komtur suchte: »… eine Frau, die weiß, wo ihr Platz in einer Beziehung ist. Sie ist naturdevot und begrüßt mich stets mit HERR. Sie darf auf einem Sofakissen Platz nehmen, wenn ich es ihr erlaube. Sie spricht nur, wenn sie aufgefordert wird. In unserer Beziehung bin ich der dominante Part und das akzeptiert sie. Sie schaut zu mir auf und tut willig, was ich von ihr verlange. Zu mir: Gabelstaplerfahrer, 1,63 Meter groß, freut sich auf fantasievolle Zuschriften. In meiner Freizeit puzzle ich gern und ich fotografiere mit Leidenschaft Affen. Der ein oder andere Ausflug in einen Zoo sollte kein Problem sein. Ich lese viel und verfasse dann gern Rezensionen auf Internetplattformen. Diese Eigenschaften sollte meine Partnerin mitbringen: Sie sollte in High Heels kleiner sein als ich, gepflegtes Äußeres ist wichtig, kurze Haare lässt sie für mich wachsen und sie ist eine gute Köchin. Meine pflegebedürftige Mutter, die mit mir in einem Haushalt lebt, sollte sie auch mögen und versorgen.«

Stopp. War der Mann denn von allen guten Geistern verlassen? Ich bin wirklich nicht groß, aber wie kann man als nicht kleinwüchsiger Mensch in High Heels kleiner sein als 1,63 Meter? Man konnte nur hoffen, dass das ein Tippfehler war und der Typ eigentlich 1,83 Meter groß war.

Naturdevote Frau. Ging es noch? Und Affen fotografieren. Ich stelle mich doch nicht in High Heels mit einem Zwerg vors Affenhaus, die weisen einen ja ein.

Dann googelte ich »Komtur« und stellte fest, dass es sich um eine Amtsbezeichnung der geistlichen Ritterorden handelte. Ein Komtur war der Leiter und Verwalter einer Ordensniederlassung und somit Statthalter des Groß- beziehungsweise Hochmeisters. Nein, nein. Ich war nicht naturdevot.

Ich klickte auf das nächste Profil. Ein normales. Denn der Mann hieß schlicht Michael_Hamburg, war Arzt und auf der Suche nach einer Partnerin auf Augenhöhe. 1,85 Meter groß, breite Schultern und ein Ferienhaus auf Sylt. Er spielte

Golf, hörte klassische Musik und ging auch gern in Konzerte. Michael war nach einer großen Enttäuschung nun wieder auf dem Markt und hoffte sehr, »eine liebe, nette, schlanke Frau zu finden, für die Goethe und Lessing keine Fremdwörter sind und mit der ich herzlich lachen kann«.

Ich war begeistert. Denn das traf alles auf mich zu. Und er würde meine Fältchen gar nicht schlimm finden, denn er liebte ja Frauen, die »herzlich lachen«, und dass ich das schon immer gern getan habe, sieht man eben ab einem bestimmten Lebensabschnitt.

Eifrig klickte ich auf »Kontakt herstellen«, um dann eine automatische Antwort zu erhalten: »Dieser User hat bereits zu viele Anfragen, derzeit können keine neuen Kontaktanfragen angenommen werden.«

Na bravo. Das hätte ich mir ja denken können. Da waren andere schneller gewesen als ich. Wahrscheinlich war Michael schon gar nicht mehr auf dem Markt und führte mit einer langbeinigen Blondine in seinem Sylter Ferienhaus Gespräche über Lessing, während das Feuer im Kamin prasselte, und kurze Zeit später fielen sie auf einem Bärenfell übereinander her.

Ach, sollten sie doch. Man darf eben nicht gleich aufgeben. Der Männermarkt war groß.

Hier: Eugen_Rübli schien auch in mein Raster zu passen. Ich schaute ihn mir an. Irgendwie erinnerte sein Profilbild an das Antlitz eines Wurzelsepps und tatsächlich war Eugen Rübli Milchbauer und wohnte in einem Schweizer Gebirge. Hier kümmerte er sich um seine Kühe. Sonst war da nix außer der Hütte und dem Stall und den Bergen. Ich beschloss, dass Eugen Rübli auch nicht der Richtige für mich war, denn ich hatte wirklich keine Lust darauf, in der Schweiz Kühe zu melken.

Und dann sah ich mir noch die Eckdaten vom LiLaLauneBär an. Größe, Alter und Figur passten schon mal, doch als ich auf das Foto klickte, traf mich fast der Schlag: Der sah fast so aus wie Andreas. Mir wurde ganz wehmütig ums Herz. Und dann wurde ich wütend. Weg mit Schaden!

Ich klickte mich gelangweilt noch durch ein paar Profile, aber nach diesem kleinen Schock war mir die Lust auf Dating eigentlich vergangen. Zumindest hatte ich überhaupt keine Lust, mich irgendwem anzubieten. Sollten doch lieber die Männer mir den Hof machen und sich vorstellen.

Ich klickte auf »Profil vervollständigen« und rief Gwendy an. In so was war sie eigentlich gut.

»Gwendy, hast du mal 'ne Minute? Ich habe dreißig Tage Zeit, einen Mann zu finden, und möchte jetzt mein Profil vervollständigen. Biste dabei?«

»So lange?«

»So lange was?«

»Du brauchst dreißig Tage, um *einen* Mann zu finden? Auweia.«

»Einen potenziellen Partner, Gwendy, keinen Zwei-Stunden-Mann.«

Ich hörte förmlich, wie sie den Kopf schüttelte. Ich bin sicher, sie fand, ich sollte meine Beziehung erst mal in Ruhe verarbeiten und derweil einfach Spaß haben. Aber so war ich nun mal nicht. »Hilfst du mir nun?«

»Was kann man denn da ankreuzen?«, murrte sie.

»Alles Mögliche. Weißt du, was die Krönung ist? Einer von denen sah aus wie Andreas!«, platzte es aus mir heraus.

»Wahrscheinlich war er es!«

»Du meine Güte, nein. Er war es natürlich nicht!«

»Woher weißt du das so genau?«

»Das sieht man an den Zähnen! Was soll denn die Frage?«

»Du hast das doch in den Raum geworfen, und ich habe nur gefragt, ob es wirklich auszuschließen ist, dass es dein Mann war. Einmal Fremdgeher, immer Fremdgeher. Und wer weiß, wann das angefangen hat.«

Blöde Idee, Gwendy anzurufen. »Komm, lass uns mal das Profil machen«, sagte ich dann.

»Lies mal vor, welche Möglichkeiten zum Ankreuzen es so gibt.«

Wir einigten uns auf rothaarig, schlank, mittelgroß (klein wollte ich nicht schreiben, ich fühlte mich schon klein genug), gepflegtes Äußeres, humorvoll, schlagfertig (das wollte Gwendy, sie meinte, das käme bei Männern super an. Meinen Einwand, ich sei doch aber gar nicht schlagfertig, ignorierte sie), treu, erfolgreich (na ja), offen für Neues, naturverbunden (darauf bestand ich, ich wollte unbedingt einen naturverbundenen Mann – nicht wieder so einen Medien-wichtig-Fremdgeh-Fuzzi). Und kritikfähig. Nun.

Gwendy wollte unbedingt, dass ich ein Selfie von mir machte und einstellte, denn sie sagte, wir hätten sonst keine Fotos, auf denen ich rote Haare hatte, was ja stimmte. Also fotografierte ich mich ungefähr hundert Mal, bis ich ein halbwegs annehmbares Foto hatte.

»Wir lassen demnächst noch professionelle Fotos machen, jetzt nimmst du ein Selfie, denn ohne Foto hast du da mit Sicherheit keine Chancen«, erklärte mir meine Freundin und erarbeitete in der Zwischenzeit einen Text:

> Ich bin C. aus Hamburg, seit Kurzem wieder glücklicher Single, aber dennoch auf der Suche. Nach was? Nun, ich brauche einen ebenbürtigen Partner, mit dem man sich gut unterhalten kann, für den ein Mandala kein Fremdwort ist und der …

»Halt«, stoppte ich sie. »Das mit dem Mandala ist doch Quatsch. Das könntest du bei deinem Profil schreiben.«

»Dann nehmen wir statt Mandala halt Ökorassismus«, sagte Gwendy.

»Was soll das denn?«

»Dann ist sichergestellt, dass er umweltpolitisch engagiert ist.«

»Und auf Klimagipfeln Steine schmeißt …«

»Dann lass es eben ganz weg. Mit dir hat man's wirklich nicht leicht.«

Eine halbe Stunde später hatten wir ein recht annehmbares Profil erstellt. Ich mochte Netflixserien, Chips und gute Bücher, ging gern spazieren und essen, war begeisterungsfähig und suchte eben einen Mann, der das auch alles schätzte und Lust hatte, mich kennenzulernen.

Jetzt fehlte uns nur noch ein Name.

»Wir nehmen LustigeCarola«, sagte Gwendy begeistert, aber mir war das zu offensichtlich, also einigten wir uns auf C'chen_Winterhude, wobei Gwendy sich den Namen noch mal durch den Kopf gehen lassen wollte.

Dann war der große Moment da. Ich klickte auf »Profil freigeben«. Wollen Sie wirklich bla, bla, bla. Ja, ich will.

Ha!

Ich brauchte mir die zweite Plattform gar nicht mehr anzugucken. Wer hier nicht sofort auf mich aufmerksam wurde, war selbst schuld!

Nun war ich auf dem Markt!

Und konnte endlich loslassen.

Aber in meinem Leben hatte sich vor vier Tagen alles schlagartig geändert, so auch meine Genügsamkeit. Ein gemütlicher Abend auf der Couch schien mir plötzlich gar nicht mehr so gemütlich. Und wenn ich an Gwendy und ihre wilden Eskapaden dachte, die mich sonst eigentlich immer eher abgeschreckt hatten, fand ich die Bilder, die mir zu mir selbst einfielen, im Vergleich plötzlich nicht mehr so attraktiv: zwei Bettdecken, Wollsocken, Wärmflasche, Taschentücher auf dem Nachttisch und Chipskrümel auf dem Laken …

Ja, es war höchste Eisenbahn für all die Facebook-Gruppen gewesen, sonst würde ich schon bald den Riesenblues schieben. Und mit einer Depression akquirierte es sich schlecht. Ein Blues würde eine grauenhafte Abwärtsspirale des Leides und des Versagens anstoßen, aus der kein Ausstieg mehr möglich wäre. Das musste ich verhindern.

Ich öffnete auf meinem Handy direkt noch mal die Facebook-App und schaute, ob ich schon angesprochen worden war.

Tatsächlich!

Ich hatte drei persönliche Nachrichten, die ich mir für den Schluss aufhob, und in jeder Gruppe zwischen zwei und siebenundvierzig Likes oder Kommentare auf meine Kurzvorstellung. Die hatte ich allerdings recht schnell gelesen:

»Willkommen!«

»Willkommen!«

»Willkommen!«

»Moin.«

»Willkommen!«

Ich likte alle Likes und Kommentare – man muss sich ja schließlich bedanken – und ging dann zu den Nachrichten.

Die erste: »Hi Carol, I'm John.« Hm. Ich kannte natürlich keinen John und wollte ihn auch nicht kennenlernen.

Die zweite: »Hallo, Carola, hast du schon mal darüber nachgedacht, mehr für dich und deine Gesundheit zu tun? Ich bin ausgebildeter Physio-Coach und lade dich ein, mal an einem kostenlosen Onlineworkshop teilzunehmen.« War jetzt auch nicht das, was mich als ein Must-have ansprang. Dass ich mich etwas mehr bewegen könnte, wusste ich auch so. Und Süßigkeiten aß ich so gut wie nie. Außer in meiner Gummibärchenphase. Ich hatte mal eine ganz schlimme Gummibärchenphase gehabt. Da hatte ich fast jeden Tag ein bis zwei von diesen Bärchentüten leer gefuttert. Ich hatte das Gefühl gehabt, mein ganzer Magen würde langsam verkleben. Aber ich konnte es nicht lassen. Bis mir mal jemand erzählt hatte, dass das mit der Hormonumstellung während der Wechseljahre zu tun haben könnte. Daran hatte ich natürlich überhaupt nicht gedacht. Ich war damals achtundvierzig und gehörte zu denjenigen, an denen das Älterwerden relativ spurlos vorbeizugehen schien. Zumindest hatte ich das geglaubt, aber während der Gummibärchenphase merkte ich schon, wie sich mein Bauch in der Hose langsam wölbte und der Reißverschluss zu spannen begann, während die recht schlanken Beine nach wie vor mühelos auch in die älteste Jeans passten. Ich hatte dann meinen Konsum bewusst auf eine Packung alle zwei Tage gedrosselt, bis mir die Bärchen wirklich aus den Ohren rauskamen. Ich vermute, das war meine Erfahrung der Menopause. Die Lust auf Gummibärchen.

Aber die dritte Nachricht war anders. Sie kam aus der HamburgerMädelsab50-Gruppe, und zwar von Ina. Schon der Name klang nett. Sie bot an, mal zu telefonieren, damit sie mir ein bisschen was über die Gruppe und die Aktivitäten berichten könnte. Das war doch noch ein weiterer Anfang heute.

Lächelnd lümmelte ich mich nun doch auf die Couch. Auch wenn ich Nikolas nicht erreicht hatte, hatte ich doch Heiko getroffen und etwas über meine beruflichen Stärken herausgefunden. Und ich hatte einen ersten Schritt in Richtung Sozialkontakte unternommen, würde bald mit Ina telefonieren und wahrscheinlich erste Zuschriften von interessierten Männern erhalten. Das war doch eine Bilanz, mit der man zufrieden sein konnte. Und damit fühlte ich mich so lebendig wie lange nicht mehr.

9 Wenn die Ehe zerbricht, ist Familie was Schönes

Ich war pünktlich wie immer um halb acht aufgestanden, hatte geduscht und mich geschminkt und saß seit einer halben Stunde vor dem Telefon, um den Anruf von Nikolas Krause um 9.30 Uhr nicht zu verpassen. Da ich insgeheim befürchtete, dass das Telefon nicht klingeln würde, ärgerte ich mich schon jetzt darüber, wie wichtig ich dieses Gespräch nahm. Warum konnte ich nicht einfach so eine coole Wurst sein wie viele andere? Er ruft nicht an. Na und? Dann soll er's lassen. So wäre es richtig. Aber nein, ich machte mir blöde Gedanken. Das war doch bescheuert! Vielleicht wollte ich gar keinen Auftrag von ihm! Ha!

Und natürlich klingelte das Telefon nicht. Nicht um 9.30 Uhr, nicht um 9.40 Uhr und um 9.50 Uhr auch nicht. Und weil eine Blamage nur dann wirklich gut ist, wenn sie so richtig peinlich wird, ließ ich es mir nicht nehmen, sie zu vollenden, und wählte selbst erneut die Nummer des Landmaschinenhandels. Um 9.55 Uhr.

»Landmaschinen Krause, Lobrecht am Apparat, was kann ich für Sie tun?«

»Hallo, Anni, hier ist noch mal Carola …« Ich verzog mein Gesicht zu einem Grinsen, auch wenn mir nicht danach war. Gerade weil mir nicht danach war. Da sich auf der anderen Seite der Leitung nichts tat, redete ich weiter. Musste ich ja wohl. »Nikolas. Er wollte mich anrufen. Wir hatten heute Morgen einen Termin vereinbart. Es geht um eine Kampagne.«

»Ah.« Anni war hörbar desinteressiert. »Es ging um die Süßkartoffeln?«

»Nein«, antwortete ich fest und etwas genervt. »Es ging und geht noch immer nicht um die Süßkartoffeln und auch nicht um die Erdbeeren. Es geht um was anderes und Nikolas wollte sich bei mir melden.«

»Ah, sorry, jetzt sehe ich den Zettel. Tut mir leid. Jetzt ist er auch schon wieder im Meeting und später dann außer Haus. Sorry. Versuch es doch morgen noch mal. Kann ich was ausrichten?«

Du kannst ausrichten, dachte ich nur, *dass du eine dickbräsige Hupfdohle bist, die den letzten Schuss nicht gehört hat*, aber ich verkniff mir das, weil ich professionell genug war zu wissen, dass derlei Tiraden nichts brachten.

Verdient oder nicht – als Neuarbeitslose stand man auf der Grundrechteskala nun mal ganz unten.

»Nein, schon gut. Ich bin auch gleich im Termin. Ich schreib ihm eine Mail.«

Annis Erleichterung spürte man die drei Kilometer durch die Leitung, musste sie sich doch jetzt weder etwas merken noch notieren oder – Gott bewahre – gar ihren Chef auf etwas ansprechen. Dafür gab es ja nun die Mail. »Ah, super. Er meldet sich dann direkt.«

Ich zog eine Grimasse. Niemand meldet sich auf eine E-Mail, wenn sie zu keinem Vorteil führt. Das weiß doch jeder. Und im Moment fiel mir noch kein Vorteil ein, den ich für Nikolas Krause hätte.

Insofern fing dieser Tag nicht so berauschend an und ich beschloss, mich bei Gwendy auszuheulen. Sicher würde es mir danach noch schlechter gehen.

* * *

»Er hat nicht angerufen.«

»Wer, dieser Michael aus Hamburg?«, fragte Gwendy.

»Wer?« Sie meinte wohl den einen Guten aus dem Datingportal. »Nein, Nikolas Krause.«

»Wer ist Nikolas Krause?«

Ich erklärte ihr kurz die Zusammenhänge. »Er lässt sich verleugnen.«

»Na und?«

»Ach Mann, Gwendy, tu doch wenigstens so, als würde ich dir leidtun!«

»Erstens lüge ich nicht gern und zweitens verstehe ich nach wie vor deine Panik nicht. Bist du nicht gestern erst zu der Erkenntnis gekommen, dass dir Hierarchien und Mackertum zuwider sind? Und heute unterwirfst du dich beidem und bist dann sauer, wenn das Universum dich ernst nimmt und dir glasklar zeigt, dass du damit auf die falschen Pferde setzt? Nimm es doch als Chance! Typen wie Nikolai Krätze …

»Krause, Nikolas Krause …«

»Wie auch immer … solche Typen können dir gestohlen bleiben. Du verschwendest Energien auf Dinge und Menschen, die eine ausschließlich destruktive Wirkung auf dich haben. Such dir Felder, in denen man dich mit offenen Armen empfängt!«

Ich musste an Heiko denken. Von dem wusste Gwendy auch noch nichts. Also erzählte ich auch das.

»Dich hat so ein Typ angesprochen, der auch noch deine Hilfe braucht? Und dann machst du dich bei diesem

Landmaschinenheini derart zum Affen? Also wirklich, meine Liebe, du machst die Augen vor dem Richtigen zu! Mach doch was aus dem, was dir angeboten wurde, und versuch nicht, Steine ins Rollen zu bringen, die seit Ewigkeiten fest in einer Kuhle liegen. Der Typ will dein Know-how. Gib es ihm! Wach endlich auf!«

Manchmal wünschte ich, Gwendy wäre kein ganz so leidenschaftlicher Mensch. Es hörte sich immer alles so streng und absolut an bei ihr. Aber eigentlich auch ganz logisch, wenn man diesen Energie- und Astroquatsch nicht gleich direkt zur Seite schob. Obwohl das alles natürlich völlig albern war! Das Universum konnte ja nicht mein Leben leben.

»Hast du schon Fotos gemacht?«, fragte sie dann, wohl um das Thema zu wechseln.

»Natürlich nicht. Es ist ja gerade mal halb elf.«

»Dann mach das. Du klammerst dich schon wieder viel zu sehr an dieses Jobthema. Lass los, Carola, geh auf die Straße, kauf dir ein Paar Schuhe, lächle drei Leute an. Und dann guck, was passiert.«

»Machst du das heute? Drei Leute anlächeln?«

»Nein, ich bin nachher mit Piero verabredet. Wir wollen in eine kleine Galerie am Hafen und dann was essen.«

»Wer ist denn Piero?« Ich hatte mir abgewöhnt, mir dauernd die Namen ihrer neuen Flammen zu merken.

»Habe ihn neulich vor dem Kino kennengelernt. Modedesigner. Bisschen selbstverliebt, aber er hat mir eine ganz tolle Stola geschenkt. Geiles Teil. Und … nicht das einzige geile Teil bei diesem Mann, das sag ich dir.«

Ich hörte sie kichern und wurde rot. Ich mochte es überhaupt nicht, wenn Gwendy sich so lasziv gab. Trotzdem fragte ich mich, ob ich selbst auch noch mal …

»Deswegen muss ich jetzt auch Schluss machen. Denk dran, Süße, halte dein hübsches Köpfchen mal in die Luft und lächle. Wirst sehen. Das wirkt Wunder.«

Ich nickte nur und bedankte mich. Manchmal fühlte ich mich richtig schlecht nach Telefonaten mit Gwendy. Dann, wenn ich merkte, dass ich sie ganz schön beneidete – um ihre Lockerheit, ihre Leichtigkeit, darum, dass es in ihrem Leben Probleme einfach nicht zu geben schien, wo ich keinen Tag ohne eins zubrachte. Und dann schämte ich mich wieder, denn Neid hat in einer Freundschaft echt nichts zu suchen, oder?

Ich schaute in mein Profil auf dem Datingportal. Das war inzwischen schon vierzigmal aufgerufen worden und zwei Nachrichten hatte ich auch: eine von den Portalbetreibern über die Kommunikationsregeln auf diesen Portalen … *ja, ja* … und eine von Horst, zweiundsechzig, aus Bad Bevensen. »Wollen wir Kontakt aufnehmen?« Ein Textbaustein. Ne, wollen wir nicht, aber immerhin. Ein Anfang! Ich würde da später noch tiefer einsteigen. Jetzt war erst mal meine Tochter dran, Pia in Australien.

Der Zeitunterschied zu Sydney betrug zehn Stunden plus. Das war die eine Zeitzone, die ich mir zur Bestimmung, wie spät es jetzt gerade bei meiner Tochter war, merken konnte. So genau wusste ich nämlich nicht, wo exakt Pia gerade steckte, nur so viel: Sie war in Australien. Meine Tochter hatte nach einer allgemeinen Sinn- und Lebenskrise ihr Psychologiestudium an den Nagel gehängt und sich entschieden, erst mal Work and Travel zu machen. Sie hatte vor sechs Monaten in Brisbane angefangen, wo sie genug Geld verdienen wollte, um sich durch den Outback zu schlagen, der drei Viertel der kompletten Fläche des Landes ausmachte. Inzwischen war sie unterwegs quer durchs Land und ich war einfach froh, wenn die Skype-Verbindung funktionierte, Pia weder rote Pusteln im Gesicht hatte noch womöglich ein fremder Mensch in die Kamera blickte, um mir zu sagen, dass meine Tochter von einer Trichternetzspinne gebissen worden sei und ihr Leben am seidenen Faden hänge. Etwa alle zwei Wochen versuchten wir beide, auf diesem Wege

Kontakt zu halten, und heute war das Telefonat mal wieder dran.

Im Gegensatz zu meinem Sohn Eike, dem ich wegen steuerlicher Fragen bereits von meiner neuen Situation berichtet hatte, wusste Pia noch nichts von der Entwicklung. Meine Kinder schienen aus verschiedenen Welten zu kommen. Während Eike, der Ältere und Vernünftigere und mehr nach Andreas Kommende, mir alle möglichen Sorgenfragen gestellt hatte – »Wie gemein von Papa! Was willst du denn jetzt machen? Wovon willst du leben? In deinem Alter? Oh weh!« –, war er andererseits auch der Fürsorglichere der beiden. Er überlegte sofort, welche Krankenkasse für mich die beste wäre (er wollte Angebote einholen) und ob ich eventuell mit seinem Vater einen Deal zur Wohnsituation aushandeln könnte. Ganz kurz überlegte er auch, ob er mich als Rezeptionistin in seiner Kanzlei ins Spiel bringen sollte … aber diese Idee hatten wir beide ganz schnell und ohne große Worte wieder verworfen.

Pia war das genaue Gegenteil. Sie war eher spontan, ohne viel Nachdenken einfach machen war ihre Devise – was schon so manchen Katzenjammer und andere schmerzhafte Konsequenzen zur Folge gehabt hatte. Als Mutter hatte ich mit Pia definitiv mehr Sorgen gehabt. Aber in gewisser Weise auch mehr Spaß. Außerdem konnten wir Schuhe zusammen kaufen.

Das Einwählen funktionierte an diesem Morgen/Abend einwandfrei, und als Pias Gesicht auf dem Monitor erschien und ihre Lippen sich schon bewegten, bevor ich sie aufgrund der verzögerten Übertragung hören konnte, sah ich viel Grün im Hintergrund.

»Hallo, mein Schatz, wo steckst du denn grad?«, fing ich einfach an, weil es mir leichter schien.

»Hi Mams, du ahnst nicht, wo ich gerade bin! Guck dir das bloß mal an.« Sie nahm ihr Handy und drehte es um, sodass ich nicht mehr sie, sondern noch mehr Grün sehen konnte, aber dazwischen auch pelzige graue Flecken, die sich bewegten. Und es schien mir recht laut. Wie im Zoo irgendwie. »Hast du das gesehen?«, fragte sie, nachdem sie das Handy wieder auf sich gerichtet hatte.

»So halb«, sagte ich. »Wo bist du denn?«

»Stell dir vor, ich bin auf einer Koala-Rescue-Station untergekommen und kann hier volunteeren. Die Tiere gehören ja zu den gefährdeten Arten, weil der Mensch ihre Lebensräume zerstört, und hier im Rescue-Center werden verletzte Tiere aufgepäppelt und Babys, die ihre Mutter verloren haben, großgezogen. Das ist soooo süß …«

Aha. Meine ehemals Psychologie studierende Tochter war jetzt also unter die Tierpfleger gegangen. Aber das fand ich immer noch besser als den Job im Autobahnmauthäuschen, den sie die ersten vier Wochen gemacht hatte. Danach hatte sie als Stewardess bei gecharterten Jachtausflügen gearbeitet, was mir am wenigsten behagt hatte. Angeblich waren ihre Aufgaben kellnern und Picknickkörbe vorbereiten und solche Dinge und ich hatte lieber nicht weiter nachgefragt.

»Na, das ist ja was«, sagte ich also. »Und, riechen die wirklich nach Eukalyptus?«

»Nach was?«

»Eukalyptus. Hustenbonbon?«

»Ach so. Ja, tun sie, wie kleine Babys. So süß.«

»Wie lange bleibst du denn dort?«

»Sechs Wochen, aber wenn David nichts dagegen hat, könnte ich vielleicht auch länger …«

David also … »Aber nach Hause kommst du schon noch mal, oder?«, konnte ich mir nicht verkneifen zu sagen.

»Mama, nicht das schon wieder. Maximal ein Jahr, habe ich gesagt, und dann schaue ich mal. Du weißt doch, dass ich erst mal keine Pläne machen will. Das ist ein Teil der Mission. Ich muss jenseits aller Zwänge herausfinden, was gut für mich ist.«

Ich nickte schweigend und dachte an meine eigene Liste. Was hatte ich mich über diesen Satz aufgeregt, als sie mir sowohl ihre Reisepläne als auch ihren Studienabbruch offenbart hatte. Und wie anwendbar schien genau dieser Satz doch jetzt gerade auch auf mich. Verrückt, wie sich Perspektiven verändern, wenn man sich ein bisschen bewegt.

»Mama, bist du noch da? Du guckst so komisch!«

Ich merkte, wie sich mein Pulsschlag erhöhte. Sollte ich es ihr jetzt sagen? »Na ja … bei mir hat sich auch was verändert«, versuchte ich es zögerlich.

»Ach ja, was denn? Machst du endlich deinen Italienischkurs?«

Ich überlegte. Stimmt. Das hatte ich auch mal vorgehabt. »Nein, nicht so ganz. Es ist wohl eher … existenzieller.«

»Existenzieller?« Erschrocken sah sie in die Kamera. »Mama, bist du krank? Hast du … hast du ...?«

»Nein, Pia, alles gut. Es ist nur … Papa hat eine Neue und hat mich rausgeschmissen. Aus allem eigentlich. Jetzt muss ich mich neu finden.«

Plötzlich sah ich nur noch braune Wurzeln. »Pia? Pia? Bist du noch da?« Offenbar war ihr das Handy aus der Hand gefallen.

»Du musst waaas?« Die Stimme kam von weiter weg, aber sie war eindeutig laut. Dann hatte meine Tochter das Telefon wieder aufgehoben und ich sah eine über das ganze Gesicht strahlende Pia, geziert von Erdkrumen auf der Kameralinse. »Er hat dich betrogen und dir gekündigt? Oh Mams, das ist natürlich nicht schön und das tut mir leid … aber andererseits … das ist ja, ich meine, das ist natürlich erst mal schlimm, aber das ist ja auch eine Riesenchance für dich!«

Ich war verblüfft, wie positiv sie das sofort alles sah. Genau wie Gwendy eigentlich.

Also grinste ich auch. »Jo.«

»Wow! Das ist ja echt der Hammer. Großartig, Mama. Genau. Du hättest dich schon längst aus diesen Fesseln befreien müssen. Ich finde es irre, dass du jetzt, auch wenn es nicht ganz freiwillig ist, dein Leben neu sortieren musst. Ich hab ehrlich gesagt schon lange gedacht, dass eure Ehe nicht so der Brüller war. Jetzt machst du bestimmt erst mal eine Weltreise. Weißt du was? Komm doch her. Wir können jede helfende Hand gebrauchen. Das ist ja wirklich eine super Nachricht …«

Ja, das war also meine Tochter. Pia freute sich sofort, stellte nicht eine Sorgenfrage, allerdings auch nicht die, wovon ich denn eine solche Reise um die Welt bezahlen sollte und wie ich überhaupt weiterzumachen gedachte. Work and Travel ging meines Wissens nur bis dreißig. Und obwohl meine Tochter nicht direkt glaubte, dass das Geld auf Bäumen gleich neben den Koalas wuchs, so begriff sie doch nicht, dass in der Jugend einfach alles möglich war und mit dreiundfünfzig de facto eben nicht mehr. So sicher wie runzlige Haut in der Armbeuge, erste graue Haare und der Verlust der Gebärfähigkeit war auch, dass man mit dreiundfünfzig nicht gleich morgen irgendwie einen Job hatte. Weder als Obstpflückerin noch im Mauthäuschen und schon gar nicht als Stewardess.

In meiner potenziellen SWOT-(Stärken-Schwächen-Chancen-Risiken-)Analyse würde dieser Punkt auf der Seite der Risiken stehen. Und deswegen würde ich jetzt garantiert nicht in ein Flugzeug Richtung Australien steigen.

Aber die Frische und der unverwüstliche Optimismus meiner Tochter taten mir trotzdem gut. Denn auch wenn sie die realistischen Sorgenfragen nicht stellte, lag ihrer Sorglosigkeit doch die unhinterfragte Gewissheit zugrunde, dass ich selbstverständlich keinesfalls untergehen würde.

10 Ich besuche eine alte Freundin und kann helfen

Was meine Pläne der weiteren Neuorientierung unerwartet durchkreuzte, war die Verabredung mit Kristina, an die ich wirklich nicht mehr gedacht hätte, hätte sie mich nicht per SMS daran erinnert.

Ich merkte, dass ich mich jetzt regelrecht darauf freute. Kristina war keine Freundin – ich weiß gar nicht, ob Freundschaft für sie überhaupt eine Kategorie war. Sie war vielleicht am ehesten das, was man unter »Beruf: Ehefrau« fassen konnte. Egal wann und wo man sie traf, sie war immer perfekt geschminkt, hatte immer ein perfektes Lächeln auf den Lippen, hatte für jeden ein gutes Wort und zu allem eine vollkommen unverfängliche Meinung. Sie begleitete ihren Mann Olaf zu allen Anlässen und hatte ein fantastisches Zuhause an der Alster, das immer mit frischen Blumen und jahreszeitlich passendem Dekor ausgestattet war.

Kristina hatte ich über Andreas kennengelernt. Olaf war Anwalt und Andreas hatte ihn bei einer Vertragsverhandlung mit einem größeren Kunden mal in Anspruch genommen. Seitdem spielten die beiden zusammen Squash und ich rechnete es Kristina hoch an, dass sie sich auch nach meiner Trennung von Andreas noch mit mir traf. In gewisser Weise war das eine Rollenrevolution, aber vermutlich hielt mich Olaf für so unbedeutend, dass er ihr den Umgang mit mir auch nicht untersagte. Warum auch?

Mit Kristina traf man sich eigentlich immer bei ihr zu Hause, was mir nur recht war, denn dieses Zuhause war eben so schön, die Küchlein waren immer etwas Besonderes und selbst der Kaffee schmeckte besser als beim besten Barista, sodass es keinen Grund gab, nicht gern hinzugehen – und umsonst war es obendrein auch noch!

Es war so nah, dass ich laufen konnte. Pünktlich um zwei klingelte ich an der Villa und Kristina öffnete mir wie immer lächelnd – in hellgelbem Kaschmir-Twinset, beigem Lederrock und cremefarbenen Stiefeln, die Haare kunstvoll hochgesteckt.

»Carola, meine Liebe, wie schön! Gut siehst du aus. Komm doch rein.«

Ich machte ein paar Schritte auf den schwarz-weißen, glänzenden Fliesen, sah hinauf zu dem großen Kronleuchter und zur geschwungenen Treppe ins Obergeschoss. Fast hätte ich vergessen, dass mich diese Pracht immer ein bisschen einschüchterte. Egal wie liebevoll ich meine eigene Wohnung pflegte – sie hatte nichts mit diesem Prunk hier zu tun. Sie war eher wie die Schuhschachtel im untersten Regal von Kristinas Ankleidezimmer.

»Nun komm schon«, ermunterte sie mich lachend. »Du kennst dich doch aus. Wir gehen in den Salon.«

Ich war froh, dass ich mich für mein UGG-Boots-Imitat entschieden hatte, denn das Klackern von Absätzen auf den Fliesen wäre mir zu laut gewesen.

Im Salon entspannte ich mich aber. Die Möbel aus grünem Samt wirkten behaglich, die Kelimteppiche hatten ebenfalls etwas Anheimelndes und der Blick auf den wintersonnigen

Garten war herrlich. Eigentlich schade, dass hier keine Kinder tobten.

»Na, meine Liebe, erzähl doch mal, wie ergeht es dir in deinem neuen Leben?«

Ich zuckte mit den Schultern. Was sollte ich sagen? »Na ja … es ist ja noch so frisch. Ich glaube, so ganz habe ich es noch nicht realisiert.«

»Was willst du denn jetzt eigentlich genau machen?«

Dass alle immer dieselben Fragen stellten … Aber ich wollte es mal positiv nehmen, denn es zwang mich, mich zu fokussieren. Ich dachte an Heiko und Nikolas Krause. Und an Gwendy.

»Na ja, zum Glück habe ich noch ein bisschen Zeit. Ich bekomme noch sechs Monate mein Gehalt und im Moment bin ich erst mal dabei herauszufinden, wo genau eigentlich meine Stärken liegen …« Prüfend sah ich sie an. Ich fand, die Sätze klangen ganz gut, und Kristina lächelte zumindest weiter. »Neben meinen Erfahrungen im Marketing und in der Etatplanung liegt meiner Meinung nach meine echte Stärke darin, dass ich ein ganz guter Berater bin. Ein Coach, meine ich. In Businessfragen.« Ich berichtete kurz von der Begegnung mit Heiko.

Jetzt lächelte Kristina nicht mehr ganz so unbeteiligt. Ich merkte, wie ihre Augen immer größer wurden und sie die Armlehnen ihres Sessels regelrecht umklammerte. Was hatte sie denn?

»Also, vielleicht hört sich das komisch für dich an, aber …«

»Nein, nein, ganz und gar nicht. Es ist eher das Gegenteil«, unterbrach Kristina mich ganz aufgeregt. »Weißt du, ich war ja auf diesem Yoga-Retreat in Österreich. Das war ganz toll und ich kann den herabschauenden Hund jetzt wirklich mit Fersen auf dem Boden. Und im März mache ich einen Zumba-Workshop auf Ibiza. Parallel überlege ich, mich ehrenamtlich zu engagieren, aber ich weiß nicht richtig, als was. Denn eigentlich möchte ich weder mit Kindern noch mit alten Menschen arbeiten, das kann ich ja auch gar nicht. Und Behinderte oder Migranten traue ich mir auch nicht zu …«

»Warum willst du dich denn ehrenamtlich engagieren?«

»Was?« Entgeistert sah Kristina mich an.

»Na ja, wenn du doch eigentlich gleich alles ausschließt, stellt sich mir die Frage, warum du es überhaupt machen willst.«

»Liegt das nicht auf der Hand?«

»Für mich offenbar nicht.«

»Na, möchte nicht jeder etwas Sinnvolles tun?«

»Ich weiß nicht – möchtest du das?«

»Ja, natürlich möchte ich das. Weißt du, das ist mir in Österreich klar geworden. Ich mache lauter tolle Sachen und treffe tolle Frauen, die alle irgendwie ein Leben haben, wenn sie nach Hause zurückkehren. Die alle etwas machen oder eine Bestimmung für sich sehen. Und ich …?«

Ich sah mich in dem Raum um und dachte, dass es durchaus eine Bestimmung sein konnte, diesen Laden hier in Schuss zu halten. »Also, ich finde schon, dass man in deinem Leben jede Menge finden kann, was du machst oder was durch dich zusammengehalten wird. Aber du klingst so, als ob du das selbst grad ein wenig anders sehen würdest«, erwiderte ich vorsichtig.

Wie von der Tarantel gestochen sprang Kristina auf. Eine Spange löste sich aus ihrem Haar. Sie wurde mir fast unheimlich. So kannte ich sie ganz und gar nicht.

»Findest du«, rief sie laut, »dass es sinnvoll ist, alle drei Tage neue Schnittblumen in Vasen zu stecken, mit der Haushälterin den wöchentlichen Kochplan nach den Wünschen des Mannes durchzusprechen, der sich in den letzten zwanzig Jahren aber nicht geändert hat? Findest du es erstrebenswert, den Austausch deines leeren Cremetiegels zum wichtigsten Akt des Tages zu machen? Ist es wichtig, beim Yoga mit den Fersen auf den Boden zu kommen, wenn dich sowieso niemand dabei sieht und du dieses Yoga eigentlich nur machst, um dein inneres Gleichgewicht wiederherzustellen, das du aber gar nicht wiederherstellen müsstest, wenn du endlich mal was wirklich Sinnvolles tätest?«

Jetzt schrie sie fast und ich hatte begriffen, wo der Hase im Pfeffer lag. »Kristina«, sagte ich ganz ruhig. »Jetzt setz dich mal hin.«

Sie strich sich die lose Strähne aus der Stirn und trank mit zittrigen Händen einen Schluck Wasser. »Entschuldige, entschuldige … ich weiß auch nicht, was da grad in mich gefahren ist. Entschuldige.«

»Papperlapapp. Du musst dich nicht entschuldigen. Es ist doch völlig normal, dass wir alle Dinge tun wollen, mit denen wir andere irgendwie erfreuen können, die uns mit anderen verbinden, die uns das Gefühl geben, dass wir ein Teil dieser Welt sind. Insofern schlage ich dir vor, dass wir mal einen schönen Plan machen.«

Halb staunend, halb ungläubig sah sie mich an. »Einen Plan?«

»Ja, einen Kristinas-Sinnstiftungsplan.«

»Echt, das wollen wir machen?«

»Wenn du Lust dazu hast!«

»Na, und wie … wie fängt man denn an mit diesem Plan?«

»Man fängt mit ganz einfachen Fragen an: Worauf hast du Lust? Was treibt dich an? Was möchtest du tun? Was kannst du? Außer frische Blumen ins Wasser stellen«, setzte ich lächelnd nach und merkte, dass ich sofort Spaß an diesem Projekt hatte. Ein bisschen hoffte ich, dass sie Olaf nicht zu früh von unserem Vorhaben erzählte, denn ein Gefühl sagte mir, dass Olafs Interessen und Kristinas Sinnstiftungsambitionen nicht unbedingt in dieselbe Richtung liefen, aber ich verkniff mir eine Bemerkung dazu.

Und siehe da – zwei Stunden später waren wir einen deutlichen Schritt weiter.

Wir hatten ein halbes Dutzend DIN-A4-Zettel mindmapmäßig bekritzelt, einiges durchgestrichen, komplett Neues hinzugefügt. Am Ende war ziemlich klar, wie die Sinnstiftung von Kristina aussehen konnte:

1. Kristina konnte Malkurse geben. Was mir nämlich gar nicht klar gewesen war: Sie konnte tatsächlich ganz gut malen und hatte im Dachgeschoss eine Art Atelier, in dem sie locker fünf bis sechs Frauen unterbringen konnte.

   Vorteil: Sie könnte sofort damit starten.

   Nachteil: Sie konnte das nicht ohne Olafs Wissen machen und sie war nicht sicher, ob er fremde Leute zu »so was« im Haus haben wollte. Außerdem hatte sie keine Ausbildung, aber ich fand, das konnte man ignorieren. Das Schöne an solchen Kursen war ja, dass die meisten Menschen sich sofort am ersten Pinselstrich erfreuten, weil sie ihn überhaupt gesetzt hatten.

2. Kristina – und die Idee fand ich noch viel besser – wäre die perfekte Event- und Familienfestplanerin. Wenn jemand zwanzig Jahre lang Empfänge und Diners und Salonabende organisiert hatte, bei denen jeder, der etwas auf sich hielt, auf der Gästeliste stehen wollte, dann doch wohl sie! Bei ihr machte es ja schon einen Riesenunterschied, ob die Tischdecke champagnerfarben oder rosé war.

   Der Vorteil hier: Sie wäre perfekt darin!

   Der Nachteil: Wie sollte die Welt davon erfahren? Im Gegensatz zum Malkurs, wo sie ja lediglich mal einen Kurs bei Meetup einstellen müsste, sah das hier schon anders aus. Hier musste sie Akquise betreiben, und Akquise – wer wusste das besser als ich? – war ein echter Brocken. Hier ging es darum, erst einmal festzulegen, wer überhaupt die Zielgruppe war. Eher Privathaushalte oder auch Firmen? Für wie viele Leute traute sie sich das zu und sollte auch Catering mit angeboten werden?

Während Kristina noch über Sinnstiftungsidee drei und vier nachgrübelte – Stylingberatung und Lesezirkelgründung –, hatte ich mich völlig an der Eventplanung festgebissen und wurde überhaupt nicht müde, die entscheidenden Fragen zu notieren.

Irgendwann merkte Kristina, dass ich zunehmend unaufmerksam war (draußen war es auch fast schon dunkel). Sie legte ihren Stift zur Seite und sah mich ganz ruhig an: »Weißt du was, Carola, ich glaube, ich habe gerade eine super Idee!«

»Noch eine?«, fragte ich hitzig, »… und dann muss man auch überlegen, ob man einen Karten- und Redenservice mit anbietet … du hattest doch schon so viele«, erwiderte ich und wechselte vom pinken zum grünen Stift, weil der pinke langsam verblasste.

»Ich finde, wir machen das zusammen.«

Erschrocken sah ich auf. »Was? Ich kann doch keine Events planen, bist du irre?«

»Nein, aber du kannst das Marketing und den Businessplan dazu machen. Guck doch mal, was du da die ganze Zeit tust. Und sei bitte vorsichtig, dass du mit dem Filzer nicht auf das Parkett durchdrückst. Ich engagiere dich. Ich engagiere dich als Coach und du machst mir außerdem einen Marketingplan, wie ich das mit dem Eventdingsbums angehen soll. Was nimmst du die Stunde?«

Ich schnappte nach Luft. »Sag mal, spinnst du? Ich lass mich doch von dir nicht bezahlen? Wir sind befreundet.«

»Nein, Carola, wir sind nicht befreundet, wir sind gut bekannt. Und ganz ehrlich, ich hatte schon ganz lange keinen so inspirierenden Nachmittag mehr. Das wäre doch total bescheuert, wenn wir unsere Interessen hier nicht bündeln würden. Ganz ehrlich, schlag ein, Carola: Du machst dich gerade selbstständig und du hast gesagt, das sind deine Stärken – was ich nur bestätigen kann: Du bist der geborene Selbstfindungs- und Businesscoach.«

Sie hielt mir ihre ausgestreckte Hand hin. Das war ja ein Ding! Aber wenn ich so in mich reinhorchte, hatte sie vielleicht recht. So blöd war die Idee wirklich nicht.

»Okay«, sagte ich und schlug ein. »Dann haben wir jetzt einen Deal. Deinen Marketingplan bekommst du in einer Woche. Plus Kostenvoranschlag. Ist das in Ordnung?«

Sie grinste über das ganze Gesicht. »Mehr als das! Es ist perfekt!«

Und so nahm ein ohnehin guter Tag ein perfektes Ende!

Kurz überlegte ich, auf dem Rückweg noch mal bei Gwendy vorbeizugehen, aber erstens hatte ich das Gefühl, ihr mit meinem Gejammer schon genug zugemutet zu haben, und zweitens wusste ich, dass Gwendy Kristina nicht besonders schätzte. »Leute, die heulen, weil es im Feinkostladen keinen Parmaschinken mehr gibt, sind mir suspekt. Sie scheinen mir an den wahren Werten des Lebens vorbeizuhasten!«, hatte sie mal gesagt.

Drittens – und das wog vielleicht am schwersten – hatte ich zum ersten Mal seit Langem wieder mal das Gefühl, das Erlebte erst mal für mich selbst sortieren und meine Schlüsse daraus ziehen zu müssen, anstatt mich von Meinungen verunsichern zu lassen, die vielleicht gar nicht meine waren. Dieser Gedanke überraschte mich und ich hatte fast das Gefühl, meine beste Freundin zu verraten. Aber dann dachte ich daran, dass jeder Mensch eben anders war und mein Weg nicht der von Gwendy oder Pia sein würde.

Und ich war dabei, ihn zu finden.

Als ich nach Hause kam, machte ich mir erst mal einen heißen Kakao und eine Wanne heißes Wasser mit bunten Badeperlen. Dann stellte ich den Kakao in den Kühlschrank, weil mir doch schneller wieder warm geworden war, als ich gedacht hatte, und nahm mir stattdessen ein kühles Glas Weißwein.

Ich streamte ein Album von Matt Simons, genoss das samtige Prickeln auf der Zunge und die Wärme um mich herum und machte dieselbe Erfahrung wie gestern: Wenn man sich offen und ohne Erwartungen durch die Welt bewegt, kommt die Welt plötzlich mit unglaublichen Angeboten auf einen zu.

Ich meine: Kristina, die ich bis vor wenigen Stunden noch für eine verwöhnte und etwas unverbindliche, wenn auch nette Ehegattin gehalten hatte, zeigte plötzlich eine unerfüllte, sehnsüchtige Seite. Und so hatte ich nicht nur – ich überschlug es mal schnell – meine ersten tausend Euro Umsatz akquiriert, sondern auch eine verbriefte gute Bekannte in meinem Leben dazugewonnen. Eine, bei der ich Verabredungen so schnell nicht mehr vergessen würde.

Ich stellte das Glas auf dem Wannenrand ab und tauchte unter. Ein herrliches Gefühl von Schwerelosigkeit erfasste mich, und wenn ich gekonnt hätte, wäre ich noch Stunden auf dem Grund dieser Emailschüssel geblieben.

Da ich das aber nicht konnte, kam ich wieder hoch, leerte mein Glas und beschloss, ab morgen wieder regelmäßig schwimmen zu gehen. Oder joggen.

11 Berufliche Neuorientierung – ich werde Coach

Am nächsten Morgen entschied ich, dass man den Tag besser mit einer Tasse Kaffee und einem druckfreien Auftakt beginnt als direkt wieder mit dem nächsten Projekt, das Disziplin, Selbstgeißelung und ein gerüttelt Maß an Einlassen auf Unbekanntes von einem verlangt. Erst kürzlich hatte der »Spiegel« getitelt, dass man mir nichts, dir nichts von der Selbstoptimierung ins Burn-out rutschen kann. Und ich fand, dass meine Situation auch so schon schwer genug war, ohne dass ich mir freiwillig neue Hürden in den Weg legte. Also: erst mal Kaffee.

Doch egal worüber ich nachzudenken begann – nichts davon war geeignet, den Tag beschwingt und druckfrei beginnen zu lassen. Überall sah ich Baustellen: Leute, die nicht zurückriefen, Pläne, die noch nicht ausgereift waren, Freunde, die noch fehlten, Männer, mit denen ich keinen Sex hatte … Es war zum Davonlaufen. Und so blöd es klingt, das war das erste sinnvolle Stichwort an diesem Morgen, denn beinahe automatisch griff ich nach meiner Mütze, wühlte in einer meiner Krimskramsschubladen nach einem Kopfhörer, den ich vor Jahren in Spanien für drei Euro gekauft hatte und der immer noch ging – warum schimpfen immer alle so auf billig? Manchmal ist billig richtig gut! –, suchte mein Handy und wählte eine Playlist, eine mit Bässen und ohne Geige oder eine jammernde Frauenstimme. Der Rest ging dann wie von selbst: Schlafanzug aus, Jogginghose und Sweatshirt an – und los.

Jeder fällt seine Entscheidungen auf seine Art – da hatten wir es wieder – und ich traf sie eben so: im Fluchtmodus. Aber es war immer noch früh am Morgen und ich war *on the run …*

Schon vor dem Überqueren der ersten Kreuzung taten mir die Schienbeine weh und direkt danach hatte ich das Gefühl, meine gesamten vierundfünfzig Kilo wären nach unten in Richtung Waden gesackt, so schwer fühlten sich meine Beine an. Beides erinnerte mich daran, dass ich das letzte Mal vor gefühlt sechs Jahren gejoggt war und Chucks vielleicht nicht die richtigen Laufschuhe waren. Und dennoch: Ich zwang mich Schritt für Schritt weiter und spürte mit jedem den Anstieg von echten Glückshormonen. Das Wetter machte es mir leicht: Es war immer noch eisig kalt, aber die Sonne schien, über der Alster hatte sich ein leichter Nebelfilm gebildet, ein paar einsame Ruderer zogen ihre Bahnen durch den stillen Fluss mitten in der Stadt, begleitet von einigen kreischenden Möwen. Wie ich so mit der Musik von den Pet Shop Boys am Wasser entlanglief, kam mir ein weiterer Vorteil meines neuen Lebens und der geplanten Selbstständigkeit in den Sinn: Die Wege waren so gut wie menschenleer, keine wilden Fahrradfahrer, keine älteren Walkerinnen in der alles versperrenden Dreierformation, auf der Wiese nur ein paar Hundebesitzer mit ihren Tieren: Ich war an einem gewöhnlichen Donnerstagvormittag in der luxuriösen Situation, mich ungestört von allem Großstadtleben der sportlichen Ertüchtigung widmen zu können. Denn das

Großstadtleben fand gerade in den zahllosen Büroetagen und Meetingräumen statt. Die Menschen waren auf der Arbeit. All diese modernen Glas-, Stahl- und Betonwürfel hatten die erwachsene Bevölkerung von Hamburg weitgehend geschluckt, sodass Leute wie ich an den schönen Orten der Stadt viel Platz hatten. Ich grinste und legte einen Zahn zu. Warum auch immer: War der Anfangsschmerz erst überwunden, ging es fast wie von selbst.

Und fast wie von selbst glitten meine Gedanken direkt zu einem möglichen Marketingkonzept für Kristinas Eventplaner-Agentur.

Ich hatte natürlich noch nicht gegoogelt, wie viele solcher Unternehmen es in Hamburg bereits gab, aber ich tippte auf … Tausende. Insofern brauchte Kristina unbedingt einen USP – Unique Selling Point.

Auf Kristinas Habenseite standen in jedem Fall schon mal folgende Punkte:

– Sie wohnte im richtigen Stadtteil. Ich war mir sicher, dass es in Winterhude, Eppendorf und Umgebung nicht nur tausend Agenturen gab, sondern auch tausend Haushalte, die zum 30., 40., 50., 60. Geburtstag, zur Hochzeit, zum Hochzeitstag, zur Silberhochzeit, zur goldenen Hochzeit, zum Dienstjubiläum, zum Achtzehnten von Sohn oder Tochter, zum bestandenen Führerschein von Sohn oder Tochter, zum ersten Wurf des Meerschweinchens oder was auch immer dringend ein Event zu planen hatten, das an Schönheit, Perfektion und Glanz nicht zu übertreffen war. Insofern wohnte Kristina mitten in der Zielgruppe. Und sie kannte die

Zielgruppe, weil sie selbst dazugehören würde, wenn sie das mit dem Planen eben nicht selbst so gut könnte.

- In der Zielgruppe und auch bei Kristina spielte Geld keine Rolle. Eine Spende, PR-wirksam inszeniert, brächte ihr bestimmt Kundschaft.
- Kristinas Glaubwürdigkeit war aus den genannten Gründen ziemlich hoch und man musste die Angel nicht weit auswerfen, um den Fisch zu fangen.

Was also brauchten wir?

- Flyer! Aufgrund der eben genannten Vorteile mussten wir für Kristina Flyer drucken und sie flächendeckend im Umkreis von 2,5 Kilometern in allen relevanten Bars, Boutiquen, Bioläden, Feinkostläden, Restaurants, Kitas, Schulen, Fitnessstudios, Tierarztpraxen und sonstigen halb öffentlichen Einrichtungen auslegen. Check!
- Für einen Flyer brauchte man ein Keyvisual. Kristinas Sinnstiftungsprojekt brauchte also einen Webauftritt, ein Logo, einen unverwechselbaren Namen und einen Slogan, der einem den Atem raubte. Check!
- Und man brauchte regionale Werbung. Vielleicht könnte movedmotion ja einen schicken kleinen Film drehen über Kristina, die perfekt gestylt Tipps gibt und zeigt, wie man ein Event plant und durchführt. Check!

Ihre Hochzeit droht zu platzen – fragen Sie Frau Kristina!

Nee. Das klang nach Psychotante.

Kein Tischgebet ohne die passende Decke.

Schwachsinn. Viel zu religiös und verwirrend.

Haben Sie schon mal ein ganz großes Ding gedreht?

KS Events bringt Sie zum Ziel.

Etwas kriminell, aber schon besser.

Oder man packte die Leute bei ihrer Eitelkeit: *Schon mal Stadtgespräch gewesen? – Dann nix wie hin zu KS Events.*

Ich war so in meine Slogans vertieft, dass ich gar nicht merkte, wie weit ich schon gelaufen war – ich war schon an der Kennedybrücke angelangt. Ach herrje, damit war ich ja bereits halb um die Alster rumgelaufen. Wieso hatten meine Beine das denn gar nicht gemeldet? Da mir die andere Alsterseite zu laut war, drehte ich dennoch direkt um und beschloss, den Rest einfach in normalem Tempo zu gehen, oder besser ausgedrückt: Ich behielt das Tempo bei, verzichtete aber auf den Laufschritt. In dem neuen Schickimicki-Hotel Fontenay gönnte ich mir trotz meines Aufzugs einen überteuerten Milchkaffee. Das ist das Gute an echten Luxushotels: Da kannst du aussehen wie der letzte Penner, aber man bedient dich wie einen König, solange du zahlst. Das rundete mein gutes Gefühl an diesem Morgen ab. Als ich dann die letzten Meter bis zu mir nach Hause trottete – inzwischen war es bereits Mittag und ich hatte mein erstes freiberufliches Brainstorming mit mir selbst an der frischen Luft erfolgreich hinter mich gebracht –, kam mir noch ein Gedanke, der mich fast umhaute, sodass ich mich an einem Baum festhalten musste: Vorausgesetzt, ich wollte

Ehefrau Kristina nicht etwas zu ehrgeizig zu einer erfolgreichen Unternehmerin machen – was läge dann näher, als Heikos movedmotion in das Projekt mit einzubinden? So ein Film wäre super für Kristinas Pläne. Denn eins stand ja nun mal fest: Kristina hatte es weder nötig, Geld zu verdienen, noch hatte sie Schwierigkeiten damit, welches auszugeben. Und wenn wir Heiko mit einbänden, könnte ich ihm anhand des Projektes mal zeigen, wie Projektmanagement geht. Auf diese Weise hätte ich bereits meinen zweiten Auftrag in der Tasche. Ich umarmte den Baum, an dem ich mich grade festgehalten hatte, und tanzte im Indianerschritt um ihn herum. Ich riss die Arme nach oben und machte einen Satz. Die Titelmusik von »Rocky I« kam mir in den Sinn, *Gonna fly now* … So konnte es gehen: eben noch *on the run* und zwei Stunden später schon direkt abgehoben über den Wolken unterwegs. Herrlich!

Ich würde Kristina einen modularen Marketingplan vorlegen, von Basic bis Premium extra, aber nur, damit sie Premium auch wirklich nahm. :-) C'mon … ein bisschen Geschäftstüchtigkeit gehörte dazu und stellte mein unternehmerisches Denken letztlich unter Beweis.

Erneut im Laufschritt, hatte ich es plötzlich sehr eilig, nach Hause zu kommen. Ich hatte etwas Gewichtiges vor. Der richtige Moment war gekommen. Und danach … danach würde ich das alles Gwendy erzählen. Sie würde staunen. So was von.

Learning des Tages: Es gibt nichts Gutes, außer man tut es!

Ohne zu duschen, ohne zu verschnaufen und sogar ohne mir einen Kaffee zu machen, setzte ich mich direkt an den Computer, schaute nicht auf dem Datingportal nach Nachrichten, sondern googelte direkt nach Angeboten für Coaching-Ausbildungen, denn nach meinem Hochgefühl beim Joggen war ich mehr denn je davon überzeugt, dass eine Coaching-Ausbildung genau das Richtige für mich sein könnte. Ich war vollkommen im

Flow und wollte diesen für meine Karriereplanung unbedingt nutzen.

Doch oje, bereits nach dem ersten Klick merkte ich, dass allein die Entscheidung, was für ein Coach ich werden wollte, eine Wissenschaft für sich war. Es gab alles: Lifecoach, Businesscoach, Systemischer Coach, Changemanagement-Coach, Entwicklungscoaching, Zielecoaching, Wertecoaching … Oh mein Gott … Was war das unübersichtlich! Daran merkte man, dass der Begriff des Coaches kein geschützter war. Noch heute konnte ich mir eine Visitenkarte drucken lassen, auf der stand: Carola Lustig, Coach. Irgendwie unseriös.

Ich musste also ein Institut finden, das einerseits zu mir passte, andererseits aber auch einen halbwegs anerkannten Zertifikatsabschluss anbot. Und ich musste natürlich wissen, ob ich ein Fernstudium anstrebte oder komplett auf Präsenz setzte. Beides hatte Vor- und Nachteile.

Bei einer Präsenzausbildung wäre ich natürlich für eine gewisse Zeit (die Dauer variierte) komplett geblockt. Aber dafür hätte ich es mit Menschen zu tun – was bei einer Ausbildung, die darauf abzielte, seine eigenen Stärken und Werte zu erkennen, um diese auch bei anderen erkennbar zu machen, einen echten Mehrwert hatte. Bei einem Fernstudium allerdings könnte ich parallel nicht nur mein Business aufbauen, siehe Kristina, sondern auch meine sonstigen Ziele – Freizeitaktivitäten ausbauen, Männer kennenlernen – ungehinderter verfolgen. Und Präsenzzeiten gab es auch da.

Ich neigte also zu einem Fernstudium. Zumal die Vor-Ort-Institute, die mir besonders gefielen, in Frankfurt und Berlin ansässig waren. Und da wollte ich garantiert nicht hin.

Dann zu den Inhalten: Einige Institute grenzten sich direkt gegen »esoterische Ansätze« und »Psychoanalyse« ab, was mir etwas suspekt war, denn statt sich abzugrenzen, sollte man doch eher sagen, was man denn selbst anbot.

Insofern schloss ich solche Unternehmen direkt aus. Sympathischer waren mir die, die ihre theoretischen Grundlagen mitlieferten: So warb ein Unternehmen mit Ansätzen zur klientenzentrierten Gesprächsführung nach Carl Rogers, verbunden mit Elementen der Systemtheorie nach Niklas Luhmann und Paul Watzlawick und Grundlagen der Organisations- und Unternehmenstheorie nach Rolf Wunderer.

Das gefiel mir schon besser. Eigentlich sogar richtig gut, denn im Zuge dieser Recherchen war mir klar geworden, dass ich vermutlich gern ein Mittelding aus psychologischem Trainer und Businesscoach werden wollte. Nicht zu wirtschaftlich ausgerichtet, aber eben auch nicht zu weichgespült. Zudem bot dieses Unternehmen auch ein Fernstudium mit extrem flexiblen Einzelmodulen, die man theoretisch auch parallel absolvieren konnte. Dann wäre man schneller.

Eine Zieldefinition aus einem anderen Angebot gefiel mir besonders gut:

Sie haben sich für eine Coaching-Ausbildung entschieden? Dann möchten Sie sich und vor allem anderen helfen, die eigenen Stärken besser kennenzulernen, um sich in Umbruchzeiten sicher neu zu orientieren oder weiterzuentwickeln.

Mit Kommunikationsmethoden und Rollenspielen erarbeiten Sie gemeinsam mit dem Coachee die zu erreichenden Ziele und helfen ihm, auf dem Weg dorthin einen klaren Blick zu bewahren. Sie stärken die Selbstwahrnehmung der Klienten und unterstützen sie beim optimalen Einsatz ihrer Ressourcen.

Selbstblockaden sowie negative Gefühle sind gute Indikatoren, die der Coach nicht ablehnt, sondern annimmt, weil sie als Kraftfeld für den gesunden Energiefluss unverzichtbar sind.

Das war doch eigentlich genau, was ich wollte und glaubte zu können. Zudem ging es bei den meisten der von mir in die engere Wahl genommenen Institute zunächst um die gezielte Selbsteinschätzung und Persönlichkeitsdefinition. Insofern war eine Coaching-Ausbildung immer wohl beides: sich erkennen, um anderen zu helfen. Sich helfen im Erkennen. Klang gut!

Ich schrieb sechs Unternehmen an, alle auf Fernstudium mit Präsenzphasen spezialisiert, bei denen die Ausbildung sechs bis fünfzehn Monate dauerte.

Eins hatte den Schwerpunkt auf NLP gelegt, die neuronale Umprogrammierung des Gehirns mithilfe von Sprache. Da hatte ich ein Fragezeichen gemacht, obwohl es gut klang und auch mit Elementen aus der Kognitions- und der Gestalttherapie arbeitete. Aber so ganz konnte ich den Gedanken an Gehirnwäsche nicht aus meinem Kopf verbannen.

Das zweite Institut legte den Fokus auf die Welten und Kommunikationsebenen, die jeweils zum Tragen kamen: die subjektive Welt (ich), die soziale Welt (wir) und die objektive Welt (es).

Das dritte Unternehmen knüpfte den Versand von Unterlagen an den Typenindikator nach Myers-Briggs. Nach der Beantwortung von Fragen wurde man einem von sechzehn Persönlichkeitstypen zugeordnet. Demnach gehörte ich als »Konsul« zu den »Wachen« und war ein ESFJ-Typ, soll heißen:

- kontaktfreudig und gesellig (E – Extraversion)
- orientiert sich an der konkreten Wahrnehmung sowie an Fakten (S – sensitives Empfinden) und folgt weniger dem Bauchgefühl
- berücksichtigt bevorzugt Gefühle – besonders die anderer Menschen (F – Fühlen) –, als sich auf rein sachliche Überlegungen zu stützen
- im Alltag eher organisiert und strukturiert (J – Judging/Urteilen) als spontan und flexibel

Wenigstens beim letzten Punkt fand ich mich doch eher »perceiving« als »judging«. Das müsste ich mit denen gegebenenfalls noch mal ausdiskutieren.

Die anderen drei Anbieter waren ähnlich von ihren Beschreibungen her. Bei einem war offenbar die psychologische Komponente wichtig, man würde da unter anderem mit Farbkarten arbeiten – was auch immer das zu bedeuten hatte –, und die letzten beiden boten irgendwie alles, legten auch Wert auf höfliches Miteinander im Alltag und Berufsleben und versprachen einem das Gelbe vom Ei. Nun, das würde sich alles herausstellen.

So. Jetzt war es an der Zeit, an Gwendy zu denken und ihr die neuesten Entwicklungen mitzuteilen.

12 Ich entscheide selbst und übernehme Verantwortung

»Gwendy?«

»Hm?«

Ich verstand sie kaum. Das war ungewöhnlich. Wie alles an Gwendy war auch ihr Organ eher von der lauten und donnernden Sorte. »Warum sprichst du denn so leise?«

»Piero schläft noch!«

Ich sah auf die Uhr. Es war nach zwei Uhr mittags. Was konnte man denn an einem Mittwoch bloß so lange machen, dass man am nächsten Tag bis in die Puppen schlief? »Wo wart ihr denn so lange?«

»Ach, frag nicht, irgend so ein Privatklub im Alten Land. Eigentlich ganz coole Leute. Ich hab da lange mit einer Architektin gesprochen, die einen alten Bahnhof restauriert und noch eine Graphic-Art-Künstlerin für die Wände sucht … vielleicht wäre das was für mich … Ich überleg mal …«

Typisch Gwendy, dachte ich nur. Sie ging aus, ließ sich treiben, lernte tausend Leute kennen, hatte danach einen

Megaauftrag an der Angel und fragte sich erst mal in aller Ruhe, ob sie das interessieren könnte. Ich würde das nie begreifen. Dieser unumstößliche Glaube an sich selbst. Beneidenswert. Doch bevor ich auf *der* Schiene landete, konzentrierte ich mich mal lieber wieder auf mich. Obwohl es doch bitter schmeckte.

Spontan entschied ich mich also für eine andere Strategie. »Pass mal auf, meine Gute. Ich bin einen Schritt weiter. Ich habe beschlossen, noch mal eine Ausbildung anzufangen, und ich finde …«

»Echt, klasse! Als was denn? Astroberaterin? Trommelkurse stehen grad auch ziemlich hoch im Kurs. Bei dir könnte ich mir auch tiefenpsychologisch fundierten Ausdruckstanz vorstellen.«

»So ähnlich, ich möchte eine Ausbildung zum Life- und Businesscoach machen.«

»…«

»Gwendy? Bist du noch dran?«

»Ja.«

»Warum sagst du dann nichts?«

»Was soll ich sagen?«

»Na ja, irgendwas.«

»Carola, du weißt, was ich von diesem spießigen Scheiß halte: Solche Pseudoausbildungen sind was für Leute ohne Selbstbewusstsein, die mit Leuten arbeiten, die ihrerseits kein Selbstbewusstsein haben. Insofern passt es natürlich.«

Ich merkte, wie sich ein Kloß in meinem Hals verdichtete. »Mann, Gwendy, nur weil man keine Farbe auf die Leinwand kleistert und mit Kunstmäzenen ins Bett geht, muss man nicht gleich Ausschussware sein …«

Ich hörte Gwendy durch die Zähne pfeifen. »Na, holla, geht doch …«

»Was ich dir eigentlich sagen wollte, ist auch was anderes.«

»Da bin ich aber gespannt.«

»Was ich dir eigentlich sagen wollte, ist, dass Andreas dafür bezahlen soll.« Ich schluckte. »Du sagst doch immer, dass sich die Autonomie einer Frau auch in ihrer Stärke beweist, annehmen und fordern zu können, richtig?«

»Korrekt.«

»Nun, und genau nach diesem Prinzip werde ich jetzt arbeiten: Als autonome Frau werde ich fordern und annehmen!«

»Meine Güte, Carola-la … dein neuer Status steht dir wirklich ausgesprochen gut. Selten waren wir uns so einig wie heute: Lass dich wenigstens auszahlen für das Joch an Unterdrückung und Verrat, unter dem du zu lange bei deinem Ego-Mann gestanden hast. Und von den letzten zweihundert Euro, die dann vielleicht übrig bleiben, nimmst du dir ein Hotelzimmer und vögelst irgendeinen Callboy … Aber sag mal, wie willst du es denn anstellen, dass er dir das Geld auch wirklich gibt? Du hast doch gar keinen Anspruch.«

Ich nickte boshaft. »Das stimmt, aber ich habe einen Plan. Lass mich mal machen.« Ich kicherte. »Sag mal, wie seid ihr gestern eigentlich nach Hause gekommen?«

»Im Taxi natürlich.«

Aus dem Alten Land nach Hamburg rein waren es über fünfzig Kilometer. Ich war sicher, dass Piero gezahlt hatte.

* * *

»Mama! Das ist ja eine Überraschung. Im Moment ist es gerade …«

»Mein lieber Sohn, es ist mir vollkommen egal, ob es gerade schlecht ist oder nicht. Dein Vater lässt mich wegen einer Jüngeren sitzen und ich brauche wirklich deine Hilfe. Und zwar jetzt!«

»…«

»Ich habe eine Idee, Eike, wie ich mein Leben noch mal auf Vordermann bringen kann. Ich möchte eine Coaching-Ausbildung machen, die dein Vater bezahlen soll, und dabei musst du mir helfen.« So. Jetzt war es raus.

»…«

»Bist du noch dran? Ich rede mit dir.«

»Mama, mal ehrlich, hast du was getrunken?«

Mein Sohn war einfach zu bieder. Warum musste man immer was getrunken haben, nur weil man eine zündende Lebensidee hatte? Pia hätte in die Hände geklatscht vor Vergnügen.

»Nein, Eike, ich habe nichts getrunken. Aber das tue ich, wenn du mir nicht hilfst. Wenn nicht Schlimmeres.«

»Mama, vielleicht fängst du doch mal ganz vorn an. Du willst also eine Coaching-Ausbildung machen, richtig? Kannst du mir auch sagen, was für eine? Und für wen? Und was das bringen soll?«

Junge, Junge, das war ja ganz schön verletzend. *Was das bringen soll* … »Jetzt hör mal zu, mein Lieber. Ich habe dich nicht unter Schmerzen geboren, um mir nun so einen Unsinn anhören zu müssen. Das soll bringen, dass ich nach meinem Rausschmiss bei deinem Vater und seinen Fremdgeheskapaden mein eigenes Geld verdienen werde und auf meine alten Tage nicht womöglich meinen Kindern auf der Tasche liegen muss. Das soll bringen, noch einmal einer sinnvollen Tätigkeit nachzugehen, bei der ich anderen Menschen auf ihrem Weg eine große Hilfe sein kann. Wer weiß, vielleicht möchtest du dich nach deinem Referendariat auch mal von mir beraten lassen! Ich habe gemerkt, dass ich sowohl eine Menge fachliches Wissen im Marketing und in der Unternehmensführung mitbringe als auch die persönliche Eignung, weil ich zuhören und die richtigen Fragen stellen kann. Ich bin also prädestiniert. Eine erste Klientin habe ich bereits, aber da dieses Land nun mal völlig zertifikatsfetischistisch ist, benötige ich etwas Offizielles und vielleicht so einen Koffer mit Handwerkszeug. Damit ist die Frage nach dem Was und Warum wohl beantwortet. Kommen wir zum Wie! Dein Vater hat bekanntlich Geld wie Heu, das er angehäufelt hat, ohne dass ich irgendeinen Zugriff darauf hätte …«

»Mama!« Ich war Eike offensichtlich peinlich. Aber wenn er mich auf Lautsprecher hatte, war das sein Problem, nicht meins.

»Ist doch wahr! Ich habe es nie eingefordert …«

»Kannst du ja auch nicht. Ihr habt einen Ehevertrag!«

Ich ignorierte den Einwand. Für Haarspalterei war jetzt keine Zeit. »Ich habe es nie eingefordert, aber damit ist jetzt Schluss. Wie auch immer du es anstellst, bring deinen Vater dazu, mir diese etwa siebentausend Euro teure Ausbildung zu finanzieren. Dann sind wir quitt.« Ich ließ bewusst offen, wen ich in diese Gleichung alles mit einschloss. Und die siebentausend gaben mir ein wenig Puffer. Ich brauchte später ja auch Ausrüstung, einen Moderationskoffer und so weiter, und vielleicht musste ich für eine Fortbildung auch mal woandershin und dort übernachten.

»Mama …« Diesen Ton kannte ich. Jetzt wurde es Eike etwas unbehaglich und er begann dann immer, ein wenig zu quaken. »Findest du es nicht ein wenig geschmacklos, mich zu bitten, bei meinem Vater für meine Mutter Geld einzufordern? Trotz Ehevertrag?«

Ich fand das überhaupt nicht geschmacklos. »Nein. Ich finde das überhaupt nicht geschmacklos. Ich finde das im Gegenteil sehr loyal, angemessen und deiner Kompetenz als Streitschlichter entsprechend. Ich meine, gerade als mein Sohn: Wie findest du es denn, wenn deine arme Mutter auf Hartz IV geht, während der Vater mit der jungen Geliebten auf den Malediven rumturtelt? Findest du das etwa gut? Oder richtig?«

»Ach, Mama …«

»Nein, Eike, ich meine es ernst. Du kannst deinen Vater bei der Moral und bei den Paragrafen packen. Und solltest du dich entgegen dem gesunden Menschenverstand befangen fühlen, dann finde bitte den besten Familienanwalt, bei dem du noch einen Gefallen guthast. Irgendeinen wird es da schon geben. Hat dir nicht dieser Claus mal eine Freundin ausgespannt? Der vielleicht … Ich jedenfalls …«

»Mama!« Viel hatte Eike ja noch nicht gesagt in diesem Gespräch, aber jetzt wirkte er immerhin entschlossen. »Die Message kam an. Ich denk drüber nach, okay?«

Dieser Satz zauberte mir ein Lächeln ins Gesicht. »Okay. Und wo wir schon so schön sprechen: Wie geht es Laura?« Mit Laura war Eike jetzt schon knapp drei Jahre zusammen und es klang nach was Ernstem.

»Laura geht es blendend, sie sitzt neben mir und zeigt seit zehn Minuten nervös auf die Uhr. Wir gehen nämlich heute in die Oper, Mama, und da muss ich jetzt auch hin, sonst lassen sie uns nicht mehr rein.«

»Alles klar«, sagte ich, »dann bis die Tage«, und legte auf. Die von der Hochkultur dachten auch immer, sie seien was Besseres. Ließen Leute einfach nicht mehr rein. Und das bei den Preisen!

Ich weiß nicht, wer das gesagt hat, wahrscheinlich mehrere, und alle hatten recht: Was man wirklich will, das schafft man auch. Und ich wollte, dass Andreas für meinen Lebenstraum zahlte. Spätestens nächstes Jahr wäre ich ein gestandener Life- und Businesscoach. So viel stand mal fest.

13 Runderneuerung 3.0

Am nächsten Morgen checkte ich noch mal das Datingportal. Ein bisschen was hatte sich getan, aber ich war doch ein wenig enttäuscht von all diesen schlecht aussehenden Aufschneidern, die da rumliefen. Wirklich normal fand ich da keinen.

Halbwegs infrage kam allein Cordt, ein Bauingenieur aus Buxtehude, der mein Foto »apart« fand und dessen Fotos (blonde Haare und Bart) ich allein schon deswegen gut fand, weil sie mich in nichts an Andreas erinnerten.

Und so entstand ein ganz netter Plausch mit ihm, in dessen Verlauf er mich fragte, ob ich spontan sei und heute eine Dinnereinladung annehmen würde.

Ich dachte: *Warum nicht?*, und sagte ganz spontan zu.

Dafür aber brauchte ich dringend eine Art Rundumerneuerung, und auch wenn ich mir Gwendys Friseur nicht ausgesucht hätte, war ich im Nachhinein doch ganz froh, dass es Hans-Dieter geworden war. Daher war ich jetzt so weit, mich von Gwendy auch mal in Sachen neues Outfit beraten zu lassen.

Wenn Cordt mir nicht gefiel, dann war es sowieso besser, wenn ich völlig absurd aussah. Und wenn Cordt mir gefiel, konnte ich immer noch alles auf meine Freundin schieben.

Gwendy und ich waren um elf Uhr verabredet – S und S, Sport und Shoppen! Mal schauen, wer woran welchen Anteil haben würde.

»Hier ist es.« Ich hatte beschlossen, mich in einem Fitnesscenter anzumelden, was ich schon Ewigkeiten vorgehabt hatte und was mir bestimmt guttun würde.

Natürlich hatte ich Gwendy gefragt, ob sie eine Probestunde mit mir absolvieren wolle, was sie aber rigoros abgelehnt hatte. »Bist du irre? Da versaue ich mir doch alles, was ich an Figur habe. Und spirituell ist es die Ansammlung von miesem Karma pur. Wir sind doch keine Hühner, die synchron über ein rotes Band hüpfen. Niemals. Aber mir wird es Spaß machen, dir zuzugucken. Dann mal los. Ich hab für dich die Trainer im Auge.«

»Ja, ja, ist ja schon gut. Dir stehen die Pfunde ja auch irgendwie, weil sie zu dir passen, aber bei mir ist das alles irgendwie nur blass und schwabbelig.«

Es war wirklich wahr. Gwendy war nicht dünn, sie war ein ganz schöner Mops, aber sie wirkte nicht wie ein Mops. Ihre Pfunde waren so nett verteilt, dass es einfach gut aussah. So, als sollte das so sein. Das, was ein wenig zu viel war, verteilte sich harmonisch auf den ganzen Körper und blieb nicht wie bei mir am Bauch hängen.

»Was soll denn bei deinen fünfzig Kilo schwabbelig sein?«, wollte sie wissen.

»Es fehlt die Spannung. Mir fehlt Körperspannung. Nun komm schon.«

Meine spontane Idee mit dem Sport und die Tatsache, dass ich auch gleich einen Probetermin bekommen hatte, wertete ich als gutes Zeichen für die Zukunft. Wer etwas für sich tut, dem geht es gut. Sport macht den Kopf frei, Sport ist gesund, Sport verlängert das Leben – ach, ich könnte noch tausend Gründe aufzählen, warum man Sport machen sollte. Warum ich allerdings bis heute damit gewartet hatte, wusste ich nun auch nicht.

Gwendy hatte einen Karton mit Schlauchwein bei sich und schwenkte ihn am Henkel hin und her. »Da gibt es bestimmt nur Wasser und so Isodrinks, ich brauche ab einer gewissen Uhrzeit meinen Wein«, wurde mir erklärt, als wir das Haus betraten.

Das Studio befand sich im dritten Stock und es gab natürlich keinen Aufzug.

»Da ist man ja fertig, bevor man angefangen hat«, meckerte Gwendy, während sie mit ihrer türkisfarbenen Pluderhose, einer gelben Tunika und einer Million Ketten um den Hals vor mir herschnaufte.

Im Studio sah es aus, wie es in einem Sportstudio eben aussah. Überall standen Geräte und überall hingen Fotos »unserer begeisterten Mitglieder«, die alle fröhlich beim Training in die Kamera lachten.

Wir gingen zum Tresen, und während Gwendy sich argwöhnisch umschaute, sagte ich der jungen Dame meinen Namen und dass ich einen Probetermin hätte.

»Ah supi, ja, ich hab dich schon gefunden. Hast du Sportsachen dabei?«

Stolz zeigte ich ihr den Inhalt meiner Tasche: Da waren eine gemütliche Jogginghose drin, Yoga-Socken und ein flauschiges Sweatshirt. Ich lachte sie an, aber das Muskelskelett mit Haut drüber lachte nicht mit, sondern machte eine wegwerfende Handbewegung.

»Ach, macht nix. Ich bin übrigens die Moni. Ich such dir was raus, bin gleich wieder da.«

Eine Minute später drückte sie mir etwas in Lila in die Hand und deutete auf die Umkleidekabinen, woraufhin ich einen Schlüssel bekam und mich umzog. Danach war ich kurz davor, einfach wieder zu gehen. Das lila Oberteil war zu kurz und die

Hose zu eng, alles biss sich mit meinen neuen roten Haaren und ich musste meine Straßenschuhe ausziehen und hatte keine anderen dabei, weil man Yoga ja auch barfuß oder in Socken machte. Deswegen drückte die Moni mir Ballettschläppchen in die Hand. Am Ende sah ich aus wie jemand, der gern wie Jane Fonda in ihren Aerobic-Kursen aussehen würde, aber kläglich versagt hatte. Doch da musste ich nun durch.

Gwendy brüllte zum Glück nicht: »Ach du Scheiße, wie sieht das denn aus!«, als ich wieder am Tresen auftauchte. Sie schaute mich nur mit hochgezogenen Augenbrauen an und das war laut genug. Dann ließ sie sich auf eine Isomatte sinken und beobachtete uns im Schneidersitz.

Da kam ein junger Mann auf mich zu, der noch jünger war als Eike.

»Ja, grüß Gott, Carola, i bin der Wolfi, pack mers.« Ich nickte und wir gingen zu einer Art Kreis, in dem sich viele Geräte befanden.

»Des is unser Kraft-Ausdauer-Zirkel, gö«, sagte Wolfi. »Do is für jede Muskelgruppe was dabei, Bö, und aa für die Ausdauer. Steig du mal aufs Rad, dann stell i di ein, Bö, dann fährst mal los, dann schau ma moi, wie's geht mit der Belastung, Bö.«

Ich nickte und hörte im Hintergrund das Geräusch von Gwendys Wein, der aus der am Karton angebrachten Zapfanlage sprudelte. Ich drehte mich zu ihr um. Gwendy lag ausgestreckt auf einer Isomatte und füllte sich den Wein direkt in den Mund. Schnell schaute ich wieder zum Wolfi, der am Fahrrad herumfummelte.

»So, jetzt trittst los, Bö, immer bei sechzig Watt bleiben, nie drunter, Bö, du musst die Anstrengung scho in de Wadl spür'n, Bö.«

Ja, wenn's weiter nichts war. Nach fünfzehn Sekunden dachte ich, dass ich viel zu niedrig eingestellt war. Nach dreißig Sekunden spürte ich den Widerstand ziemlich heftig. Nach fünfundvierzig Sekunden hatte ich das Gefühl, meine Lunge würde sich in ihre Einzelteile zerlegen.

»Ich glaub, ich kann nicht mehr«, hechelte ich.

»Ah, passt scho, weiter, weiter!«, feuerte Wolfi mich an. »Des konnst scho. Du musst nur woin. Und vier Minuten durchhalten, Bö.«

Vier Minuten! Noch nicht mal eine war um.

Nach vier Minuten war ich erledigt. »Ich brauch mal eine Pause, Wolfi.«

»Ah geh! Do hamma aber koa guada Kondition, gö. Do liegt aber einiges im Argen. Geh ma moi zur Beinpresse.«

Die Beinpresse war genauso wenig mein Freund wie der Bauchtrainer oder der Latzug. Ich fühlte mich beobachtet von den ganzen schönen Menschen, die um mich herum trainierten und so taten, als sei Sport das Geilste überhaupt.

Dann wurde ich gewogen und gemessen und der Wolfi erklärte mir, dass ich kaum Muskelmasse hätte, das müsse sich ändern. Und in jedem Fall solle ich so ein Eiweißshake-Abo abschließen, das wirke Wunder nach dem Training. Ich nickte nur noch. Gwendy war mittlerweile mit ihrem Weinkarton im Arm eingeschlafen.

»Ich überleg mir das alles noch mal«, sagte ich und kam mir super vor.

»Was willst denn da groß überlegen?«, fragte Wolfi fassungslos. »Wenn du koan Sport machst und des Eiweißshake-Abo net abschließt, Bö, dann konn i für nix garantieren.«

Ich fragte lieber nicht, was er damit meinte, sondern nickte einfach und schloss einen Vertrag für drei Jahre ab, weil es dann monatlich am günstigsten war.

Dann zog ich mich um, weckte Gwendy und behauptete, ich hätte keinen Vertrag abgeschlossen (sie fragte mich direkt, nachdem sie die Augen geöffnet hatte).

»Wenigstens das«, sagte sie erleichtert. »Ich dachte, du bist so ein Trottel und schließt gleich einen Vertrag mit einer langen Laufzeit ab, weil es dann ja so viel billiger ist. Ein Mal bist du vernünftig. Ich bin stolz auf dich.«

»Du, Carola, wartst moi, i hob hier no die Kopie von deim Vertrag, Bö!«, schrie mir der Wolfi hinterher und ich duckte mich schnell, weil ich Angst hatte, von Gwendy geschlagen oder geschubst zu werden.

»Es tut mir leid«, sagte ich, als wir schließlich draußen waren. »Ich wollte dich nicht anlügen.«

»Ins Gesicht hast du mir gelogen, ins Gesicht«, wetterte Gwendy. »Aber ich habe es dir gleich angesehen. Meine Güte. Jetzt hast du diesen Knebelvertrag abgeschlossen. Und wirst sowieso eine Karteileiche sein. Na, mir soll's recht sein. Also, wie es da gestunken hat, unmöglich. Da bringen mich keine zehn Pferde mehr hin.«

»Mich auch nicht«, sagte ich spontan und dann mussten wir beide hysterisch lachen.

»Was nun?«, fragte meine schon angeheiterte Gwendy.

»Ich brauche neue Klamotten. Für Cordt nachher!«

»Ha!«, rief Gwendy. »Auf geht's!«

Zwei Stunden später saßen wir in einem Bistro an der Alster, ich hatte eins meiner Outfits gleich angelassen. Wir waren in einem Secondhandshop für Designerware gelandet – Gwendy hatte mit der Besitzerin irgendwie mal eine Affäre gehabt oder die wollte eine, so genau hatte ich das nicht verstanden. Tatsache aber war, dass ich jetzt im Besitz von richtigen Designerstücken sowie – dank des vielen Sektes dort – 1,2 Promille Blutalkohol war. Ein Kleid aus den Siebzigern von Yves Saint Laurent, so ein glatt runtergehendes, im Mondrian-Stil in Beige, Braun, Rot und hellem Orange, passende knallorange High Heels und rote Ohrringe in Traubenform. Dazu trug ich halterlose

Nylons mit einem Spitzenabschluss (falls es mit Cordt zu einem Abschluss kommen würde … man konnte ja nie wissen). Meine roten Haare sahen super zu den Klamotten aus. Ich hatte auch noch einen Hosenanzug von Jil Sander erstanden und was ganz Schrilles von Christian Lacroix – das gefiel Gwendy besonders gut, denn es war weit und wallig und bunt und unvernünftig. Ab dem dritten Glas Sekt war mir auch egal, was das alles kostete. Immerhin war es secondhand, da musste es ja automatisch günstig sein, dachte ich und probierte noch eine Chanel-Jacke an in einem ganz wundervollen Rosé, das gut zu meinen Haaren passte. Fast fühlte ich mich wie eins von Karl Lagerfelds Models, die immer mit ernstem Gesicht und den tollsten Sachen über die Laufstege gestelzt waren und wahrscheinlich auch jetzt noch stelzten, wenn sie nicht längst verhungert waren.

Dann eine wundervolle Strickjacke von Missoni – Himmel, war die weich und warm. Pumps von Louboutin, Stiefel von Prada, ein Kleid von Gucci. War ja alles secondhand.

An der Kasse dann traf mich fast der Schlag. Die nette Bekannte von Gwendy sagte den Gesamtbetrag und der belief sich auf über viertausend Euro. Ich stand da mit offenem Mund und sagte automatisch Danke, als sie mir einfach so noch einen Prada-Gürtel schenkte.

Während ich mein Portemonnaie herausholte und nach meiner EC-Karte suchte, rutschte eine andere Karte nach vorn. Ach, da war ja noch die Partnerkreditkarte von Andreas. Wir hatten natürlich getrennte Konten gehabt.

Mit einem Lächeln im Gesicht schob ich die Karte in den Leseapparat und gab den PIN-Code ein. Bitte, lieber Gott, betete ich, lass sie noch nicht gesperrt sein …

Zahlung erfolgt.

WAR DAS EIN GEILES GEFÜHL!

14 Das erste Date und alte Bekannte

Ich hatte so ein Glück! Es war ja noch immer Februar, aber seit Tagen trocken und fast mild, sodass ich mein geiles Etuikleid mit den High Heels definitiv anlassen konnte.

Ehrlicherweise hätte ich sowieso kaum Zeit gehabt, mich umzuziehen, weil Gwendy und ich fast in dem Lokal an der Alster versackt wären, also *richtig* versackt. Wenn Gwendy nicht schon wieder duselig auf den Kellner gezeigt und mal wieder von Sex angefangen hätte, dann hätte ich mein Date wohl vergessen.

So aber war ich halbwegs pünktlich, wenn auch etwas derangiert in dem halb edlen, aber eben nicht zu edlen Restaurant in St. Georg angekommen. Blöderweise hatte ich einen Schluckauf, aber weil ich schon zehn Minuten zu spät war, wollte ich nicht draußen warten, bis er vorbei war. Das konnte bei mir unter Alkoholeinfluss dauern. Das kannte ich schon.

Also betrat ich sehr aufrecht und mit kleinen Schritten das Lokal. Ich wurde freundlich von einem Mann in schwarzem Hemd empfangen und gefragt, ob ich reserviert hätte.

»Der Herr hat reserviert!«

Freundliches Lächeln. »Aha, welcher denn?«

Wie viele allein sitzende Herren gab es hier denn? Blöderweise gab es noch einen hinteren Teil, daher konnte ich nicht überall schauen. Und da fiel mir auf, dass ich den Namen von Cordt nicht kannte. Den Nachnamen. Das war jetzt peinlich. Ich biss auf meinen Pfefferminzbonbon.

»Lustig …«, sagte ich zur Überbrückung.

»Ist das der Name?«

»Was? Nein, das ist mein Name, aber ich denke, Cordt …«

Da strahlte der Mann. »Ach, Cordt. Ja, sagen Sie das doch gleich. Wenn Sie mir bitte folgen würden.«

Ich folgte, stolperte nur zweimal kurz und wunderte mich, wie oft Cordt wohl Damen hierher einlud. Ich hatte nicht geguckt, wie lange er schon auf dem Portal angemeldet war. Wohl schon lang.

Wir bewegten uns in Richtung eines Tisches, an dem jemand saß, der mein Herz höherschlagen ließ: kurze blonde Haare, helle Augen, athletische Figur, feingliedrige Finger, ein sympathisches Gesicht. Vom Bild her konnte er es sein.

Der gut aussehende Mann in weißem T-Shirt und cremefarbenem Sakko stand formvollendet auf und reichte mir die Hand. »Carola?«

Ich musste erst zwei Schluckaufs abwarten, bevor ich antworten konnte. »Co-hordt, wie schön.«

Besorgt sah er mich an. »Wasser?«

Er goss mir ein und ich trank das Glas noch im Stehen sofort leer. Dann ließ ich mich auf den Stuhl plumpsen. »Mann, war das ein Tag. Ich bin völlig fertig und könnte ein ganzes Schwein essen …«

Dann erst merkte ich, dass ich mich benahm wie die Axt im Walde. Zu viel Gwendy bekam mir wohl nicht. »Entschuhuldige. Wartest du schon lange?«

Cordt schaute mich unvermindert freundlich an. »Auf eine schöne Frau kann man gar nicht lange genug warten, oder?«

Ich nickte und wollte einen Schluck Wasser trinken, aber das Glas war ja leer. Cordt winkte einem Kellner, damit er nachschenkte. Hätte er doch auch selbst machen können! »Was machst du denn so … du … ähem …«

»Carola!«

»Natürlich, Carola. Was bewegt dich in deinem Leben?«

Das ist ja mal eine gute Frage, dachte ich. Nicht gleich wieder diese typische Jobschiene. »Also, Cordt, wenn ich ehrlich bin, das ist …«

»Verstehe … Bei mir ist es auch so, dass sich Prioritäten oftmals verschieben. Da reicht manchmal schon eine Kleinigkeit, eine rote aufgewirbelte Papierserviette vor einem Café, und ich sage die Verabredung ab, zu der ich gerade unterwegs war. Kommt nicht so oft vor, aber es passiert. Die Welt ist doch voller Zeichen, findest du nicht?«

Ich hing noch an der Vorstellung der wirbelnden Serviette und konnte mich nicht direkt auf die Frage konzentrieren. »Also, ich muss gestehen …«

»Ja, das ist ungewöhnlich, das stimmt, aber weißt du, so was hat mich schon mal vor dem schlechtesten Deal aller Zeiten bewahrt. So ein kleines unbedeutendes Zeichen.«

»War das auch eine Serviette?«

Cordt lachte. Richtig fröhlich. »Nein, meine Kleine, du bist ja süß. Das war ein gestrichener Flug nach Riga.«

Hm. Das war ja wohl kein Zeichen, sondern eher ein Fakt. Ich wusste nicht, was ich sagen sollte. Also schwieg ich. Und ärgerte mich, dass das Bringen der Speisekarten so lange dauerte. Und schenkte mir selbst von dem Wein ein, der in einem mit Eis gefüllten Kübel auf seine Leerung wartete.

»Warst du schon mal in Riga?«, fragte Cordt dann.

»Ich …«

»Na, ich ja demnach auch nicht, was?«, sagte er wieder lachend, aber diesmal so, als hätte er einen guten Witz gemacht. »Aber weißt du, jetzt auch genug von diesem Business-Sprech. Was möchtest du denn sonst noch von mir wissen?«

»Ja, also …« Er roch auch gut. Sehr gut sogar.

»Was möchtest du denn wissen?«

Ich beugte mich ganz weit über den Tisch und versuchte, meinen kleinen Busen so gegen die Kante zu pressen, dass es nach mehr aussah. Erstens wollte ich in Ruhe das leckere Brot mit Pesto essen, das auf dem Tisch stand, und zweitens hatte ich keine Lust auf abgebrochene Halbsätze mehr. Also hauchte ich ihm ein lang gezogenes »Aaaallles!« entgegen und freute mich darüber, wie forsch ich sein konnte. Das hatte ich bis dato gar nicht gewusst.

Diese Antwort war für Cordt offenbar der Freibrief. Denn jetzt fragte er nicht mehr, sondern fing an, von der Sonne der Toskana zu schwärmen, der rauen Atlantikküste Frankreichs, den Mühen seines Bauunternehmens, das er nur noch aus steuerlichen Gründen halte und damit die Mitarbeiter Arbeit hatten. Er selbst wolle eigentlich nur noch das Leben genießen, in Thailand unter einem Bambusschirm liegen und, wenn er schon mal in Hamburg sei, ein bisschen Spaß haben. Beim letzten Satz klimperte er mit den Wimpern, wie es sonst eigentlich nur Frauen tun.

Cordts Vortrag hatte mich gleichermaßen ermüdet und ernüchtert und ich trank nun aus lauter Not einfach weiter, um meinen Pegel irgendwie zu halten, denn das hier war in Summe nicht das, was ich mir vorgestellt hatte.

»Was meinst du damit, wenn du schon mal in Hamburg bist? So weit ist Buxtehude ja nun auch nicht entfernt. Halbe Stunde mit der Bahn«, meinte ich semikonzentriert.

Er zögerte kurz. »Buxtehude, Budapest, Berlin … ist doch alles nur Namedropping, findest du nicht?«

Ich überlegte. »Nein, eigentlich nicht. Das sind sehr unterschiedliche Städte … Wie findest du denn den Buxtehuder Bullen?«, fragte ich gespielt unverfänglich.

Ganz sympathisch lächelte Cordt weiter. »Ein prachtvolles Tier. Er steht gar nicht weit von meinem Haus entfernt. Fantastisches Erbgut!«

Ich nickte nur. Ich gebe zu, dass man nicht zwangsläufig wissen muss, dass der Buxtehuder Bulle ein Jugendliteraturpreis ist. Aber man sollte auch nicht so tun, als stünde er neben dem eigenen Kirschlorbeer auf der Weide.

»Cordt?«

»Ja?« Samtweich. Hoffnungsfroh.

»Ich möchte heute nicht mit dir schlafen. Und morgen auch nicht. Und ich möchte dir auch nie Geld leihen. Danke für den guten Wein. Ich muss jetzt leider gehen.«

Ich stand auf, knickte einmal so heftig um, dass mir ein Absatz abbrach, was mir aber völlig schnuppe war, und humpelte angetüddelt raus in die Nacht.

Schade, dass nicht schon Sommer war. Irgendeinen hätte ich jetzt gern abgeschleppt und auf einer Blumenwiese bei samtenen Temperaturen vernascht.

Die Nummer mit Cordt war so absurd, aber so gut gewesen, dass meine Laune einem Höhepunkt entgegenfieberte. Im wahrsten Sinne des Wortes.

Da war ich doch tatsächlich einem Hochstapler begegnet. Bei meinem ersten Date. Was für ein Müll, diese digitale Beziehungssoße. Wie gut, dass ich noch nichts bezahlt hatte.

Diese meine wahre Welt war eine durch und durch analoge, und entweder es funkte irgendwann oder es war eben mal Sendepause.

Ich lallte all diese Erkenntnisse Gwendy noch schnell als Sprachnachricht auf ihr Handy und bekam postwendend die Antwort:

»Du hättest ihn noch mitnehmen und das Hotel bezahlen lassen sollen. Wir finden jemand anderen. Kuss, G.«

* * *

Die Pleite mit Cordt war nun nicht gerade berauschend, aber ich dachte, dann müsse ja zumindest das nächste Date gut werden. Außerdem wollte ich nicht so schnell aufgeben und gab dem Ganzen noch eine Chance.

Felix aus Bahrenfeld hieß die Chance. Felix wirkte vielversprechend: Filialleiter in einem Gartenbaucenter, zweiundfünfzig Jahre alt, ein Kind nicht im eigenen Haushalt und er tanzte und kochte gern. Das passte doch ganz wunderbar! Wir hatten schon kurz geschrieben, Felix machte keine Rechtschreibfehler und kürzte keine Wörter ab, das gefiel mir. Ich beschloss, die Kommunikation ein wenig fortzuführen, und schrieb wahnsinnig kreativ:

»Hi! Da bin ich noch mal.«

Die Antwort kam prompt, offenbar klebte er an seinem Handy oder PC. »Hi! Wie schön!«

Wir faselten ein bisschen übers Wetter und über Weinvorlieben und über Filme (er fand die Haarwaschszene in »Jenseits von Afrika« auch so romantisch – vielleicht war er in Wirklichkeit schwul … ach was). Er mochte gemütliche Samstagabende mit Kochen und er liebte Sex. Huch.

»Ich auch. Sehr sogar«, sah ich mich schreiben.

»Na, das passt ja. Obwohl das natürlich nicht alles ist.« Kluger Mann.

»Gehört aber dazu!« Ich wieder.

»Ganz deiner Meinung. Ein Leben ohne Sex ist wie ein Leben ohne Lachen.«

Ach.

Felix gefiel mir. Mit dem würde ich mich gern verabreden. Aber ich wollte nicht den ersten Schritt machen, um nicht notgeil zu wirken.

»Was meinst du, hast du Lust, mich zu treffen?«, schrieb Felix dann glücklicherweise.

»Sehr gern!«

Er werde mir später schreiben, wann es passe, er habe noch einige Termine zu koordinieren.

»Aber ich melde mich ganz sicher!«

Das glaubte ich sogar.

Außerdem dachte ich über meine alten Kontakte nach. Ich überlegte eine Weile, welche von denen ich anrufen könnte, die nichts mit dem Kosmos »Andreas und Carola« zu tun hatten. Und da fielen mir genau zwei ein: Ulrike und Eva.

Ulrike gehörte zu denen, die sich zuletzt besonders rargemacht hatten. Ich konnte das verstehen, denn sie war auch so ein »Doppel-D« – double demanded, heißt: Mutter und vollzeitberufstätig in einem. Ich wusste ja selbst, dass man mit fortschreitendem Alter nicht unbedingt flexibler wurde, sondern immer erschöpfter. Wahrscheinlich hatte sie deswegen noch seltener Zeit als früher. Aber vielleicht war es genau deswegen meine Pflicht, sie mal aus diesem Sumpf rauszuholen.

Ich zählte Ulrike definitiv zu meinem guten Bekanntenkreis. Natürlich war sie lange nicht so eine Freundin wie Gwendy, aber ich kannte Ulrike schon über dreizehn Jahre. Tatsächlich hatten wir uns in der Bank kennengelernt, sie war meine Beraterin gewesen. Mit den Jahren hatte sie sich zunehmend auf Risikovorsorge und Versicherungen spezialisiert und war dann zu einer Versicherung gewechselt. So kam es, dass ich ihr später ab und an unsere Kunden schickte, wenn ich denn mal nach einer Empfehlung gefragt wurde. Und so ganz selten kam das gar nicht vor. Wenn man eine größere Kampagne für einen

Kunden und seine Selbstvermarktung durchführte, musste sich dieser Kunde ganz schön nackig machen. Man erfuhr in stillen Momenten wirklich eine ganze Menge – von unternehmerischen Sorgen wie Liquiditätsengpässen oder mangelnden Innovationsschüben bis hin zu privaten Eheproblemen und verstorbenen Haustieren. Da waren versicherungstechnische Unterdeckungen wirklich das Kleinste. Und da ich die bessere Zuhörerin war, landeten solche Geständnisse eher bei mir als bei Andreas.

Und so hatte ich Ulrike besten Gewissens immer weiterempfohlen und sie hatte über die Jahre ganz sicher ordentlich Provisionen eingestrichen. Zu Recht, wie ich fand. Da Ulrike – wie ich auch – ein ziemlicher Handyjunkie war, schrieb ich ihr direkt eine WhatsApp:

> Hi Uli, wie geht es dir? Finde, es ist Zeit für ein Treffen, du arbeitest sowieso zu viel. :) C.

Senden.

Ein grauer Haken.

Zwei graue Haken.

Zwei blaue Haken.

Na also, wusste ich es doch. Sie war ein Junkie. Ich starrte auf mein Handy. Vielleicht war sie grad auf dem Flur unterwegs oder wollte noch eine Mail fertig schreiben. Ich starrte weiter. Sie könnte auch im Meeting sein. Aber das hatte sie noch nie am Antworten gehindert. Eher war sie grad beim Kunden. Da konnte sie ja wirklich nicht antworten, ohne dass es unhöflich wäre. Allerdings hätte sie dann die Nachricht auch nicht lesen sollen. Ich setzte Wasser für einen Tee auf. Keine Antwort. Ich goss das kochende Wasser in die Kanne. Immer noch nicht. Echt komisch.

Na, demnach war sie wohl wirklich verhindert und ich beschloss, erst mal abzuwarten und die nächste Kandidatin anzufunken.

Eva kannte ich auch sehr lange. Eike und Evas Sohn Leopold waren im wahrsten Sinne des Wortes Sandkastenfreunde, und die Natur der Sache brachte es mit sich, dass Eva und ich entsprechend viele Nachmittage am Rand der Sandkiste geteilt hatten. Natürlich kam man dabei ins Gespräch. Eva war Zahnarzthelferin. Heute würde man sie wohl eher als Praxismanagerin bezeichnen, weil sie nicht mehr nur die Spuckesauger in den Mund steckte, sondern eben auch die Termine koordinierte, die Abrechnungen verwaltete und den wirklichen Helferinnen sagte, was sie tun sollten. Mal ganz davon abgesehen war wohl jede Frau ab fünfundvierzig eine Managerin, weil alles andere doch respektlos und beinahe sexistisch klang. Obwohl … eine Pflegerin muss nicht unbedingt eine Rollbettenmanagerin sein, eine Postbotin auch kein Delivery Manager. Aber Eva war jedenfalls Praxismanagerin bei Dr. Birgit Rosen, und auch wenn unsere Söhne sich aus den Augen verloren hatten – Leo war inzwischen Leiter der Logistik bei einem Stahlhändler in Hagen –, sahen Eva und ich uns doch etwa dreimal im Jahr, an unseren Geburtstagen und einmal so.

Eva war geradeheraus, grundanständig und überhaupt sehr geerdet. Wenn man sich mit ihr unterhielt, hatte man immer das Gefühl, alles in der Welt hätte seinen rechten Platz genau da, wo es ihn hatte. Das konnte die Sammeltasse in der Vitrine sein, aber ebenso auch der überfahrene Nachbarshund. Und genau deswegen traf ich sie sehr gern, aber auch nicht öfter als dreimal im Jahr. Meine heile Welt war ganz entschieden kleiner als Evas, und wenn ich zu viel davon hörte, wie schön und wunderbar doch alles war, und wenn nicht, dass es aber eben so sein musste, bekam ich Kopfschmerzen wie bei einer Überdosis Xylocain.

Aber wie dem auch sei. Ich hatte Eva zuletzt im November gesehen, insofern war jetzt im Februar auch rein statistisch betrachtet genau der richtige Moment.

Der Einfachheit halber rief ich Eva direkt in der Praxis an.

»Praxis Dr. Rosen, Sie rufen leider außerhalb unserer Sprechzeiten an. Diese sind …« Ach so. Mir fiel ein, dass Samstag war. Also probierte ich es auf Evas Handy.

»Hallo …«

»Hi Eva, Caro hier. Na, wie geht es dir? Du, ich dachte, es wäre mal wieder Zeit für ein Treffen. Wie sieht es denn aus bei dir?«

»Ach, Caro, das ist ja nett. Klar treffen wir uns. Warte mal, ich schau mal in meinen Planer.« *Raschel, raschel.*

Ich nutzte die Zeit für einen Blick auf mein Handy. Immer noch nur zwei blaue Haken bei Uli.

»Also, das ist ja wirklich schön, von dir zu hören. Und das an diesem wunderbaren Tag.« Sie schien immer noch ihren Planer zu suchen.

Ich überlegte kurz, was sie meinte, entschied mich aber, nicht nachzufragen. »Ja, da hast du recht.« Ich wartete.

Eva schien sich wirklich zu freuen. »Vielleicht könnten wir mal tanzen gehen. Ich habe nächstes Wochenende, also nicht dieses, sondern das drauf, sturmfrei, und da könnten wir zwei Mädels doch mal so richtig die Sau rauslassen. Wäre das nicht schön?«

Eva war der einzige Mensch, den ich kannte, bei dem man das Lächeln hören konnte. Ich hörte sie wirklich lächeln. Dennoch störten mich an ihren drei Sätzen auch schon wieder eine ganze Menge Sachen. Zum Beispiel fragte ich mich, welche erwachsene Frau das Wort »sturmfrei« verwendete, wenn ihr Mann mal nicht zu Hause war. Hörte man damit nicht spätestens mit dem Auszug aus dem Elternhaus auf? Also mit neunzehn oder so? Und wieso wollte sie »die Sau rauslassen«? Meinte sie damit fremdgehen oder war ihre Vorstellung: »Dann gönne ich mir auch wirklich mal zwei Bier, nicht nur ein halbes«? Und dann war da noch die Sache an sich: Mir war wirklich nach allem zumute, aber ganz sicher nicht nach Tanzen.

Doch ich war nun mal gerade im Projektordner »Sozialkontakte« unterwegs und letztlich – wer weiß, vielleicht lernte ich ja einen netten Mann oder andere nette Frauen kennen. Also stimmte ich widerwillig zu. »Fantastische Idee, Evi. Darauf habe ich auch total Bock!« Ich merkte, wie ich selbst schon in diesen Teeniejargon von früher verfiel. Wer sagte heute noch, dass er auf etwas Bock hatte? »Nehmen wir den nächsten Freitag? Wo denn?«

Eva nannte mir eine Zeit und einen Ort – angeblich ein Klub, in dem man »ganz toll abhotten« konnte. Ich kannte diesen Klub nicht, las aber später, dass der Veranstaltungsraum ein Fassungsvermögen von fünfhundert Leuten hatte. Happy Birthday, Massenveranstaltung! Wahrscheinlich war es da so laut, dass man sich kaum unterhalten konnte. Aber na ja. Im neuen Leben musste man alles mal ausprobieren.

»Prima«, sagte sie, »und dann erzählst du mir auch, wie es so läuft bei dir und Andreas. Und in der Firma. Bestimmt alles toll, wenn die Kinder aus dem Haus sind. Da kommt wieder neuer Schwung rein, was?« Sie lachte.

Ich erklärte Eva kurz, dass Andreas mich vor einer Woche verlassen hatte und ich jetzt arbeitslos sei, was sie unglaublich spannend fand und mir sofort zu einer Typberatung riet. Ich dachte an Gwendys erste Reaktion und wunderte mich, wie leichtfertig offenbar Frauen mit dem Thema Trauerarbeit umgingen.

»Ich habe auch schon überlegt, mal so eine richtige Typberatung zu machen, aber weißt du, jetzt bin ich zweiundfünfzig Jahre mit mir als Typ super klargekommen, was soll ich da jetzt noch mal von vorn anfangen? Das wäre doch unnötig, was?«

Ja, man merkte es schon, Eva war lieb auf ihre Art, aber ganz sicher nicht die hellste Kerze auf der Torte.

So verabschiedeten wir uns freudig voneinander und legten auf. Ich beschloss, das Tanzen später wieder abzusagen.

Uli hatte immer noch nicht geantwortet. Das war schon wirklich etwas ungewöhnlich.

Wenn das mit den alten Bekannten nichts wurde, musste ich eben weiter nach neuen schauen. Ich besuchte meine diversen Portale, aber außer ein paar Sinnsprüchen, Morgengrüßen und der Diskussion in einer der Mädelsgruppen, ob man nicht mal zusammen nach Barcelona, Amsterdam, Oslo oder Bonn fahren sollte, tat sich da wenig, womit ich etwas anfangen konnte.

15 Der erste Auftrag – zwei eigentlich

Die nächsten Tage vergingen beinahe in einer Art neuer Routine, was mich in Maßen zuversichtlich stimmte. Zuversichtlich, weil ich immer fand, dass sich jemand, der regelmäßige Abläufe im Leben hatte, insgesamt auch auf sicherem Boden bewegte. Ich gebe zu, dass dieser Glaube keiner wirklich überzeugenden Logik folgte, denn letztlich haben auch Obdachlose sehr feste Routinen. Nach der Frau, die in der Innenstadt tagein, tagaus ihre beiden Einkaufswagen mit den hundert Plastiktüten meterweise nach vorn bewegte, konnte man die Uhr stellen. Am Valentinskamp kam sie immer um 10.15 Uhr vorbei und dann noch mal um 15.10 Uhr, und ich gebe zu, dass dieses Lebensmodell für mich nicht erstrebenswert war. Aber so sah es bei mir ja nicht aus. Ich arbeitete am Konzept für Kristina, was Spaß machte, und die Unterlagen von den Coaching-Agenturen waren eingetrudelt und ich hatte sie mir gründlich angesehen. Auch so eine Routine, morgens in Ruhe die Post durchzuschauen und nicht wie früher erst hektisch abends.

So oder so haben Routinen etwas Beruhigendes.

Ich war jedoch nur mäßig optimistisch, weil meine Routinen noch nicht zu hundert Prozent in Geld aufzurechnen waren. Auch nicht zu zehn Prozent.

Das änderte sich schlagartig am 1. März, einem ohnehin schönen Tag, weil es Frühlingsanfang war, die Tage spürbar heller wurden, ich mit Kristina verabredet war, um ihr mein Konzept zu präsentieren (auf das ich sehr stolz war), und außerdem die Sonne schien.

Ich hatte begonnen, morgens zu meditieren, daher hockte ich gerade mit geschlossenen Augen auf meinem gold-pinken Kissen, als das erste Mal das Telefon klingelte. Es war noch nicht mal halb neun. Gwendy? Niemals!

Die neue Meditationsroutine zu unterbrechen war eigentlich ein No-Go, aber die Neugier nicht zu stillen ein noch größeres.

»Hallo«, sagte ich etwas geistesabwesend zur Begrüßung.

»Äh, hallo, Sybille Haferkamp hier, spreche ich mit Carola Lustig?«

Hä? Wer war das denn? Ich hatte noch nicht geduscht und war noch im Bademantel. Wie peinlich. Zum Glück sah man das ja aber nicht. »Ja, Entschuldigung. Ich hatte jemand anderen erwartet.«

»Passt es denn jetzt oder soll ich später wieder anrufen?«

»Alles gut. Wenn Sie sich so früh melden, klingt es dringend. Worum geht es denn?« War ich nicht ausgebufft professionell?

»Ich bin eine Bekannte von Kristina. Wir sind im selben Tennisklub und sie hat mir erzählt, dass Sie Life- und Businesscoach sind und mit ihr so tolle Ideen zu einer Eventagentur entwickelt haben.«

Ich bekam Schnappatmung. Ich war was? Jetzt schon das, wofür ich noch siebentausend Euro ausgeben wollte? Was hatte Kristina denn da erzählt? »Nun ja, ich …«

»Ja, ich kann mir gut vorstellen, dass Sie bestimmt total ausgebucht sind, aber wissen Sie, ich bin an einem absolut toten Punkt in meinem Leben und ich weiß einfach nicht, wo ich ansetzen soll. Hätten Sie nicht wenigstens mal eine Stunde, um zu schauen, ob Sie mit mir arbeiten können?«

Auweia … Jetzt musste ich aber in allerkürzester Zeit sehr viel entscheiden: War diese Frau psychisch krank und brauchte eher professionelle Hilfe? Nein, dann würde Kristina nicht so mit ihr reden. Und sie spielte ja auch Tennis. Wäre ich ein Scharlatan, wenn ich das Spiel jetzt einfach mitspielte, eine Hochstaplerin, die vorgab, etwas zu sein, das sie nicht war? Ja. Machte das was? Nein. Welchen Preis setzte ich an? Das würde ich mir gleich überlegen. »Also, mein Terminkalender ist schon recht voll. Wie flexibel sind Sie denn zeitlich?«

Ich hörte ein lautes Aufatmen. »Da könnte ich mich ganz nach Ihnen richten. Hauptsache, ich muss keine sechs Wochen warten.«

Nein, das wäre auch mir nicht recht. »Also, wenn Sie ganz spontan sind, könnte ich Ihnen morgen Vormittag, zehn Uhr anbieten. Da hat gerade eine Klientin abgesagt. Sonst erst wieder …«

»Nein, nein, nein. Morgen um zehn ist super. Wo muss ich denn hin?«

Ach du Scheiße. Stimmt. Wo sollte ich sie hinbestellen? Ich konnte sie ja schlecht in meine unaufgeräumte Wohnung lassen. Da fiel mir auf die Schnelle nur eins ein. »Weißt du was – ich darf doch Du sagen? –, mein Büro wird gerade renoviert, und ich denke, wir treffen uns am besten auch erst mal in lockerer Atmosphäre in einem Café. Kennst du das Café Bistro im Abendrothsweg? Meiner Erfahrung nach hilft das für das Vertrauen und die Offenheit. Und darum geht es ja, nicht wahr?«

»Ach wie toll. Diesen Ansatz hat so auch noch niemand ausgesprochen. Danke, Frau Lu… Carola. Das tut mir jetzt schon gut.«

Ha-ha. Ich lachte ein wenig gekünstelt. »Ja, so soll es sein. Wir sehen uns dann morgen und dann werden wir auch über die Konditionen und meine Idee eines Fahrplans sprechen. Ist dir das recht?«

»Ach, ich bin so überglücklich. Nochmals tausend Dank.«

»Eine letzte Frage: Worum geht es denn grob – damit ich mich vorbereiten kann. Nur ganz kurz.«

Schweigen.

War das jetzt indiskret von mir? Oder war sie doch psychisch krank? »Ein Stichwort reicht. Nur Mut.« Wo nahm ich das bloß alles her?

Ein Schniefen. »Ich bin einfach … unglücklich.«

Ich schluckte. Wer war das nicht? »Na gut, Sybille, wir sprechen morgen, aber denk dran: Ich bin keine Psychologin. Ich kann dir allenfalls helfen herauszufinden, was dir vielleicht fehlt. Das weißt du schon?«

»Das weiß ich und mehr will ich auch nicht. Denn eigentlich geht es mir ja sehr gut.«

Ach, so eine. Na gut. »Also schön. Dann bis morgen.«

»Bis morgen, und danke noch mal.«

Hätten wird das schon mal geklärt. Wunderbar!

Ich ging danach direkt an den Computer, um mal schnell Coaching-Techniken zu googeln, schaute aber zur Ablenkung doch erst noch mal in meinen Facebook-Account. Zu meiner Überraschung hatte ich zwei PNs – persönliche Nachrichten.

Die erste war von Ina:

Hi Carola, noch Lust auf das Wandern am Sonntag? Ein Platz wurde frei. Du könntest nachrücken. Gruß, I.

Ach, das war ja mal ein Ding. In meinem Wahn hatte ich mich zu allen möglichen Veranstaltungen angemeldet, unter anderem auch bei den HamburgerMädelsab50 zu einer Moorwanderung in der Dämmerung. Mit einem etwas unguten Gefühl überlegte ich, wie ich damit umgehen sollte. Eigentlich hatte ich ja Lust auf diese Wanderung mit anschließendem Grünkohlessen. Aber diese ganzen fremden Frauen … Mal sehen. Ich musste mich ja noch nicht entscheiden.

Ich ließ das erst mal sacken und öffnete die zweite PN.

> Hallo Carola, ich hab gelesen, dass du dich auch zu dem Existenzgründerworkshop angemeldet hast. Ich bin neu in Hamburg und du scheinst ja auch Leute zu suchen. Also, ich dachte, vielleicht können wir da zusammen hin? LG, Jutta

Ach, das war ja auch wieder nett. Wann war der Workshop noch mal? In drei Tagen. Ach herrje, so langsam wurde es aber echt stressig. Ich klickte auf Juttas Profil und fand Fotos von ihr und anderen Menschen, vorwiegend Frauen, ab und an auch mal zwei jüngere Männer. Vielleicht Freunde oder ihre Brüder? Sie sah sehr freundlich aus. In ihrem Steckbrief hatte sie #Physio #Ayurveda #KunstundKultur angegeben. Konnte alles sein. Ich trug mir für den Samstag den Workshop in den Kalender ein und antwortete:

> Hallo Jutta, was für eine schöne Idee. Treffen wir uns 10 Min. vorher dort? LG, C.

Dann schrieb ich Ina:

> Hi Ina, prima, ich komme gern mit.

Damit war auch der Sonntag geblockt. Und frische Luft tat immer gut. Ich musste auch mal raus.

So.

Ich hatte gerade wieder angefangen, nach Coaching-Techniken zu suchen, als schon wieder das Telefon klingelte. Nummer unbekannt. Nicht Gwendy.

»Hallo, Frau Lustig, Peter Schulz hier von movedmotion. Ich bin der CFO des Unternehmens und Heiko hat mir Ihre Nummer gegeben. Haben Sie einen Moment?«

»Entschuldigung, ich habe nicht ganz verstanden. Sie sind was, der Si-Fo?« Ich musste sofort an Block und Blog denken und kam mir blöd vor. Peter Schulz hatte eine nette Stimme. So warm und reif für seine wahrscheinlich sechsundzwanzig Jahre.

Er lachte. »Ja, genau, ich bin der Si-Fo …, nein, der Cee-Eff-O, kurz: der Finanzfuzzi des Ladens hier.«

»Ach so«, sagte ich. »Ja, und was kann ich für Sie tun?« Ich überlegte fieberhaft, ob ich Heiko gegenüber etwas Komisches gesagt hatte, das mich jetzt vielleicht in so eine Sofortkreditfalle tappen ließ. Gwendy hätte das bestimmt gleich wieder gedacht. Aber das passte ja hinten und vorn nicht zusammen.

»Wir hatten vorgestern ein Boardmeeting. In dem hat Heiko von Ihrem Gespräch erzählt und auch davon, dass er schon einen weiteren Termin mit Ihnen ausgemacht hat. Sie wissen ja, dass es bei movedmotion wirtschaftlich nicht so rosig aussieht, obwohl die Auftragslage erstaunlich gut ist. Ich bin hier vor drei Monaten eingesprungen, weil ich Heikos Vater … ach egal, lange Geschichte. Jedenfalls hatte Heiko die Idee, Sie als Interimsmanagerin einzusetzen, um dem Unternehmen zu helfen, eine bessere Struktur in die Dinge zu bringen. Ich hörte, Sie waren viele Jahre Marketingleitung von Lustig*Media*. Sehr beachtlich, was Sie da für Kampagnen gefahren haben. Was man von außen so sieht, steht der Laden nach wie vor sehr gut da – trotz der großen Konkurrenz. Und da Sie sich offenbar auch neu orientieren wollen, dachten wir, die Aufgabe hier, die Agentur mit auf Vordermann zu bringen, könnte Sie reizen …«

Ich musste mich setzen. Ich war mir recht sicher, dass in den vergangenen zwei Minuten alles Blut erst direkt in meinen Kopf gestiegen und dann im Sturzbach in die Füße gesackt war. Wollte Herr Schulz mich gerade als Sanierungsexpertin ins Haus holen? Hatte ich das richtig verstanden?

»Nun ja, ich … also … das ist natürlich sehr schmeichelhaft zu hören, und es stimmt schon, dass ich mich beruflich neu orientiere, aber die eigentliche Geschäftsführung hatte ja mein … Mann inne und sagte Heiko, Herr Schmehling, nicht …«

»Wir können uns gern duzen. Ich bin Peter.«

»Ja, Carola, also sagte er nicht, dass dem Unternehmen das Wasser bis zum Hals stehe?«

»Ja, so kann man es ausdrücken, aber wir konnten ein paar Kredite umschichten und haben uns so ein bisschen Luft verschafft. Und nur dass wir uns richtig verstehen, wir suchen keinen Geschäftsführer, sondern einen pfiffigen Kopf mit Zahlenverständnis. Insofern wäre Ihr … Mann gar kein Kandidat. Das heißt natürlich, wenn Sie sich auf unseren Honorarvorschlag einlassen könnten. Wir dachten an einen Tagessatz von vierhundert Euro …«

Jetzt war das Blut ganz weg. Ich wusste nicht, wohin. Der Teppich war nicht rot. »WAAAS?« Ich schrie. Echt, ungelogen. Ich schrie.

»Carola, ich weiß, das ist unter dem üblichen Satz, aber mehr können wir in unserer Situation wirklich nicht anbieten, und wir dachten …«

Ich bekam den totalen Lachflash. Ich bekam einen megahysterischen Lachflash. Ungelogen. Ich legte das Handy kurz weg.

»Carola? Carola? Bist du noch dran?«, hörte ich Peter aus weiter Ferne.

Aber ich konnte nicht. Ich musste erst mal lachen. Was raus muss, muss raus.

Irgendwann hatte ich mich wieder beruhigt. »Entschuldige, Peter, es tut mir leid. Es hat nichts mit dir zu tun, aber ich habe gerade ein 24-Stunden-EKG am Körper, und immer, wenn das angeht, muss ich fürchterlich lachen, weil es so wahnsinnig kitzelt. Entschuldige bitte.« Ich wischte mir die Tränen weg. »Vierhundert Euro sind völlig okay. Es ist ja auch alles immer eine Mischkalkulation. Die Sache ist nur …«

»Ja?« Peter klang einen Hauch alarmiert.

»Ich kann keinesfalls fünf Tage für euch arbeiten. Ich habe auch andere Klienten, weißt du, und die kann ich ja nicht hängen lassen. Wären drei Tage die Woche am Anfang okay?«

Erleichtert atmete Peter aus. »Das ist perfekt. Für uns auch. Wann könntest du denn anfangen?«

Ich überlegte. »Wie wär's, wenn ich Montag bei euch vorbeikomme und wir dann alles in Ruhe besprechen? Bis dahin könntet ihr mir ein paar Unterlagen heraussuchen: Geschäftsberichte der letzten drei Jahre, Passivposten der Bilanz, Rückstellungen, Verbindlichkeiten und so weiter. Und natürlich euer Umlaufvermögen, welche Zahlungen noch ausstehen. Zudem habt ihr sicher auch so etwas wie ein Auftragsbuch, Angebote, Kalkulationen und deren Auswertung nach Umsetzung. Kannst du das organisieren?«

»Ja, klar. Das können wir zusammen durchgehen, denn das wollte ich ja auch alles sehen. Nur gibt es das eben teilweise gar nicht, was auch Teil des Problems ist.«

Ich nickte. Der Mann verstand mich und ich selbst verstand mich auch. Ich war voll in meinem Element, was mich mit großer Freude erfüllte. »Klingt gut. Danke. Dann also Montag um neun?«

»Lieber um zehn. Du hast es mit Kreativen zu tun.«

Ich hatte mich inzwischen richtig entspannt und lachte entsprechend normal. Peter klang nett. »Alles klar, aber vielleicht ist auch das Teil des Problems.«

»Vielleicht. Ich freue mich. Danke.«

»Ja, ich mich auch. Tschau.«

Ich legte auf. War das toll? Nein, das war nicht toll. Das war der Knaller. Der absolute Oberkracher.

Aber damit war dieser inzwischen späte Vormittag noch nicht beendet.

Ich wollte gerade zum dritten Mal Coaching-Techniken googeln, obwohl ich in einer knappen Stunde zu Kristina musste, da poppte eine Mail auf.

Absender: Cordt_XXL

> Hi Carola,
>
> schade, dass du neulich so schnell wegmusstest. Ich hätte gern noch etwas länger mit dir geplaudert. Hast du heute um zehn Zeit (22 Uhr natüüüürlich), unser schönes Gespräch fortzusetzen?
>
> Bis dann, Chérie,
> XXL C.

Wenn ich nicht eben schon so viel gelacht hätte, hätte ich das jetzt nachgeholt. Cordt_XXL! Der Junge hatte ja wohl den Schuss nicht gehört.

Es gab vieles, was ich Gwendy erzählen musste. Sehr viel! Ich griff zum Telefon.

Ich fing an mit Blaue-Haken-Ulrike und Sturmfrei-Eva. Noch bevor ich weiter ausholen und das jeweilige Verhalten mit ihr diskutieren konnte, wozu ich größte Lust hatte, unterbrach sie mich in Gwendy-Manier, die ich auch nach so vielen Jahren immer noch nicht auf dem Zettel hatte.

»Carola«, sagte sie mit diesem warnenden Unterton, der mir gar nicht gefiel.

»Jaaaa.«

»Diese Ulrike ist ein Handyjunkie, sagst du, und sie hat deine Nachricht gelesen und meldet sich nicht, richtig?«

»Wahrscheinlich hatte sie Kundschaft oder …«

»Richtig?«

»Ja«, maulte ich.

»Und diese Eva ist die unsensibelste Schlafpille vor dem Herrn, auch richtig?«

»Mann!«

»Ganz ehrlich, du steckst so viel Energie in Leute und Dinge, die kein Interesse an dir haben oder an denen du kein Interesse hast. Und über beides regst du dich noch mal doppelt so lange auf. Warum tust du das? Warum nutzt du deine Energie nicht für Sachen, die dich wirklich weiterbringen? Ich sag das ja nicht oft und auch nicht gern: Aber du bist nun mal nicht mehr die Jüngste und hast keine Zeit für große Umwege! Begreif das doch bitte mal!«

Ich hatte gute Lust, in Tränen auszubrechen, aber irgendwo in mir drin wusste ich ja, dass sie mal wieder recht hatte. Warum hatte meine Luftikus-Gwendy immer recht?

»Und Cordt hat sich noch mal gemeldet!«, wechselte ich das Thema. Von Peter und movedmotion wollte ich ihr nicht erzählen. War so ein Gefühl.

»Echt? Dann will der immer noch mit dir ins Bett. Mach doch!«

Ich revidiere: Nicht *immer* hatte Gwendy recht. »Nein«, erwiderte ich entschieden. »Mach ich nicht. Das wäre ja, als würde ich eine Apfelsine auch schimmlig kaufen, nur weil ich Appetit drauf habe.«

Ich hörte Gwendy lachen. »Der Vergleich ist gut. Muss ich mir merken … Obwohl: Muss ich mir eigentlich nicht merken … meine Apfelsinen sind nie schimmlig. Aber ich versteh dich trotzdem.«

»Hab ja bald den nächsten Versuch: Felix aus Hamburg. Mal gucken.«

»Mal machen!«

Das würden wir ja noch sehen. Aber ich musste eh auflegen. »Gwendy, ich muss jetzt los. Wir hören. Tschau!«

Jetzt war es aber höchste Eisenbahn! Mit wehendem Mantel machte ich mich auf zu Kristina. Elf Seiten PowerPoint im Gepäck. Elf Seiten, auf die ich ziemlich stolz war.

Fakt war, dass meine Selbstständigkeit ordentlich in Schwung zu kommen schien, und tatsächlich kam das Gute aus Ecken, an die ich niemals gedacht hätte. Und das nicht so Gute – im Moment gab es eigentlich nicht viel nicht so Gutes. Nur komisch, dass Ulrike sich wirklich gar nicht meldete.

16 Ich mache jemanden glücklich

»Findest du es so schlimm? Kristina, es ist doch nichts in Stein gemeißelt! Wir können alles noch ändern. Es sind nur Ideen. Kristina, nun sag doch was.«

Kristina weinte seit zehn Minuten und ich war völlig verzweifelt. Was hatte ich mir bloß dabei gedacht? Innerlich ging ich hart mit mir ins Gericht: Was glaubte ich denn, wer ich war, mich mal eben so zu einem Marketing- und Gründungsguru aufschwingen zu wollen?

Fünfunddreißig Minuten lang hatte ich Kristina Folie für Folie meinen Plan zu ihrer Eventagentur dargelegt, mit vermeintlich Charisma und Charme die Zielgruppen benannt und wo sie sie fände und wie sie sie fände. Ich hatte auf einem aus Google Maps kopierten Stadtplan von Hamburg-Eppendorf, -Eimsbüttel und -Winterhude (Ottensen kam auf einem separaten Sheet, das lag zu weit weg) mit roten Fähnchen markiert (was gar nicht so leicht gewesen war, ehrlich gesagt), wo sie ihre Flyer (Modell Faltblatt mit Wickelfalz, 10,5 × 21 cm) überall auslegen konnte (177 Standorte hatte ich eruiert, das war doch mal 'ne Ansage!), hatte exemplarisch Textbausteine entworfen, hatte ihr ein Minidrehbuch für einen digitalen Imagefilm geschrieben und das Ganze unter meinen ultimativen Slogan gefasst: *Feier oder Fest – Kristina macht den Rest!*

Das war vielleicht nicht Pulitzer-verdächtig, aber es war das, was in der Marketingbibel stand: »Alles, was einfach ist, ist gut.« Und einfacher und klarer konnte man es ja wohl nicht sagen: *Feier oder Fest – Kristina macht den Rest!* Da blieb keine Frage offen. Scheiß doch auf den Schüttelreim. Die Message musste ankommen.

Und Kristina hatte mucksmäuschenstill zugehört, aber kaum war ich fertig, war sie in sich zusammengesunken. Und jetzt weinte sie seit zehn Minuten. Was sollte ich denn bloß tun?

Weil ich die Wasserkaraffe während meiner Präsentation vor Aufregung ganz allein ausgetrunken hatte, wollte ich schnell in die Küche laufen, um sie aufzufüllen. Vielleicht half das ja. Ein guter Schluck kühles Leitungswasser. Aber mit mal schnell war es in diesem Irrgarten von Haus nicht getan. Ich war ja nun nicht das erste Mal dort, aber normalerweise sorgte die Haushälterin für Getränke. Oder Kristina selbst. Ich rannte also raus in die Diele und intuitiv in den hinteren Teil des Erdgeschosses, fand mich aber in einem salonähnlichen Raum wieder. Also zurück und eine andere Tür, aber das war eher ein Zimmer, in dem man Sammeltassen und Gemälde zur Schau stellte. Einen Wasserhahn suchte man hier vergeblich. Also wieder zurück und wieder eins weiter. Da stand immerhin schon mal ein Fernseher. Und wo ein Fernseher ist, da kann auch der Kühlschrank nicht so weit sein – was stimmte, denn eine kleine Kühleinheit stand diskret rechts von der Wohnlandschaft, aber auch hier kein Wasser. Ich irrte also noch ein bisschen herum und kam irgendwann wie durch Zauberhand durch eine Speisekammer, die so groß war wie mein Wohnzimmer, endlich in der Küche an, wobei Wirtschaftsraum es eher träfe. Ich füllte die Karaffe und rannte zurück in den Salon.

Als ich zurückkam, blätterte Kristina gerade mit gesenktem Kopf durch die Seiten. Ich fühlte mich so elend und hoffte bloß, dass Olaf mich jetzt nicht verklagte. Wenn Andreas das erfuhr oder Eike, dann wäre die Sache mit der Ausbildung sowieso perdu.

»Carola«, hauchte Kristina leise und sah langsam auf.

Da erschrak ich noch mehr. Sie sah wirklich furchtbar aus mit der zerlaufenen Schminke, das Gesicht ganz rot und fleckig. Oh mein Gott, sie tat mir so entsetzlich leid. »Kristina, wir kriegen das hin … wir … ich …«

»Carola … das ist so … es ist so wunderbar … so großartig.« Schon wieder hielt sie sich die Hand vor den Mund und schluchzte laut auf.

Was hatte ich da gerade gehört? Das konnte ich nicht gehört haben. »Kristina, könntest du das wiederholen, bitte?«

Doch Kristina erhob sich langsam und schlenkernd, als hätte sie Gummi in den Knochen, kam auf mich zu und umarmte mich. »Das ist so großartig, ganz und gar überwältigend. Und alles schon so haarklein und bis ins Detail ausgearbeitet. Bei diesem Konzept kann man sich ja überhaupt nicht mehr vorstellen, dass es nicht klappen könnte.«

Ihr warmer Atem kitzelte mich am Nacken. Ich hätte nicht gedacht, dass Kristina so viel Nähe erlauben würde, aber sie hing mir am Hals wie Pias Koalas am Ast. »Carola, glaub mir, das ist der schönste Tag in meinem ganzen Leben. Ich weiß nicht, wie ich dir danken soll. Ich wusste wirklich nicht, dass so ein Profi in dir steckt.«

Pfffffff macht ein Ballon, wenn die Luft rausgeht. Oh Mann, und dafür der ganze Nervenstress grad.

Jetzt ließ mich das Adrenalin schlagartig im Stich und noch mit Kristina am Hals musste ich mich setzen. Sinken lassen. Dachte ich eben noch, auf mich wartete lebenslänglich, war mir nun, als dürfte ich direkt vorrücken bis auf LOS und für immer dortbleiben.

Ich atmete einmal tief aus. »Es gefällt dir wirklich, Kristina? Du meinst das ernst?«

»Ja, natürlich«, sagte sie und sah mich an wie eine Erscheinung. »Es ist fantastisch, Carola. Es ist, als ob ich auf so etwas seit Jahren gewartet hätte.«

»Aber warum hast du denn dann so viel geweint?«

Oh, oh, falsche Frage, ganz falsche Frage, denn schon wieder schimmerten ihre Augen feucht. »Vor Glück natürlich. Vor purem, schierem Glück!«

So war das also.

Nachdem wir die nächsten Schritte abgesprochen hatten (Grafiker suchen für Logo und Flyergestaltung, kleine Website) und Kristina sich jede Menge Pakete und Module zu den von mir vorgeschlagenen Mottos überlegen musste – à la »Hochzeit in Alter Mühle ganz in Bleu« oder »Froschgeburtstag« oder »Kiezparty in uriger Kneipe« (da war sie sehr verhalten) und so weiter –, fragte sie mich schließlich, wie viele Stunden ich an dem Konzept gesessen hätte.

Und da fiel es mir auch auf. Noch keinen Gedanken hatte ich bei diesem Job an das Honorar verschwendet, so sehr war ich inhaltlich damit beschäftigt gewesen. Ich rechnete kurz nach. Wenn ich die Eingebungen während des Joggens mal außer Acht ließ, denn da war ich ja streng genommen beim Sport gewesen, kam ich so auf dreizehn bis vierzehn. Was ich dann auch sagte.

Kristina schien die Summe im Kopf zu überschlagen. Ich war gerade viel zu sehr mit der mich überkommenden Mattigkeit an diesem außergewöhnlichen Tag beschäftigt, als dass mich das gerade noch tangiert hätte.

»Wärst du mit eintausendfünfhundert Euro einverstanden?«

»Okay.«

»Gut. Du bist ja nicht mehrwertsteuerpflichtig. Dann schreib mir bitte eine Rechnung, damit ich das überweisen kann.«

»Okay.«

Ich nahm einen Schluck Wasser, das mir gerade etwas fad vorkam. Insofern spuckte ich es direkt wieder ins Glas. Vielleicht lag das aber auch an etwas anderem. »WAS HAST DU DA GERADE GESAGT? Habe ich eintausendfünfhundert Euro gehört?«

Sie sah mich an wie Gwendy, wenn sie mir vorschlug, mit einem Fremden Sex im Treppenhaus zu haben: verständnislos nüchtern. »Ja, wieso?«

»Das ist zu viel, Kristina, viel zu viel.«

Freundschaftlich legte sie einen Arm um mich. Vielleicht waren wir das jetzt sogar: Freundinnen. »Ach, Schätzchen. Jetzt sag ich dir mal was: In deinem Job nimmst du künftig zwischen hundertzwanzig und zweihundert Euro pro Stunde. Ich zahl dir ein bisschen weniger, weil du noch eine Ausbildung machen musst und weil das der Anfang ist. Aber glaube mir: Das Konzept ist jeden Cent wert. Du brauchst es und ich habe es. Olaf. Wir. Egal. Verstehst du das?«

Ich nickte. Ja, das verstand ich. Und mehr noch. Ich fand es gut und konnte es annehmen.

Was mich zur Lektion des Tages führte:

- In meinem neuen Job muss ich fordern können.
- Ich muss annehmen können.
- Ich muss das Private gut vom Geschäftlichen trennen.
- Ich bin in meiner Preisgestaltung flexibel: Es gibt Freundschaftspreise, es gibt normale

Preise und es gibt Preise für Leute wie Nikolas Krause.

Rundum zufrieden und körperlich am Ende schlurfte ich nach Hause. Es wurde langsam dunkel, ich sah bereits den einen oder anderen Stern leuchten und dachte, dass es jetzt schön wäre, mit einem Hund unterwegs zu sein. Vielleicht nicht gleich wieder so was Wildes wie meinen Ronny, den Rhodesian Ridgeback, den ich mal in Pflege gehabt hatte, aber so was Lächelndes, das mir schwanzwedelnd ein Stöckchen brachte oder übers Wasser geditschten Steinchen nachrannte. Ich wollte ganz wehmütig werden und war kurz versucht, das Thema Haustier in einer Selbstständigkeit als neuen To-do-Punkt mit aufzunehmen, aber selbst dafür war ich jetzt zu müde.

Wenn ich überlegte, was ich noch alles auf der Agenda hatte: Bewerbungsstatus checken, Stand Finanzierung Coaching anfragen, herrje, das heißt, ich müsste mich vielleicht auch mal für einen Anbieter entscheiden … Gedanken zu movedmotion machen, Facebook lesen … – eigentlich konnte ich mir diesen frühen Feierabend gerade gar nicht leisten, und wenn ich jetzt schon damit anfing, wie sollte es dann erst werden, wenn ich drei Aufträge parallel zu jonglieren hatte?

Auch das Thema männlicher Begleiter schoss mir spontan durch den Kopf. Ich wollte gar nicht nachrechnen, wie lange ich schon nicht mehr Hand in Hand mit jemandem durch die Dämmerung gelaufen war. Von Sex ganz zu schweigen. Aber das Thema hatte ich während meiner Ehe nicht bemüht, warum mich jetzt zusätzlich damit belasten? Nein, nein.

Ich hörte Gwendy im Geiste meckern: »Kannst du nicht einfach mal nichts tun? Oder nur Leute beobachten? Hör doch mal auf zu denken!« Sie hatte ja recht, dachte ich, und dachte schon wieder. Meine Gedanken hatten wirklich ein eigenes Zeitverständnis. Sie rasten immer.

Und so schlenderte ich weiter, der Badewanne und einem schönen Glas Wein entgegen, das ich zum Glück in einer Küche hatte, die man sofort fand.

17 Ich übe mich im Leben und meditiere

War das zu glauben? Ich hatte meinen ersten Termin um zehn Uhr, mir den Wecker aber trotzdem schon auf halb sieben gestellt. Sonst hätte ich das, was ich sonst noch vorhatte, nicht geschafft. Ich fragte mich, ob ich mich während meiner Festanstellung auch so gestresst gefühlt hatte, konnte mich aber nicht so richtig erinnern. Bekannt kam es mir jedenfalls nicht vor. Der Stress bei Lustig*Media* war irgendwie ein anderer gewesen. Eher emotionaler Art, wenn man mal wieder nicht wusste, ob irgendeine Bemerkung gleich wieder für blödes Grinsen und hinterlistiges Getuschel sorgen würde. Oder der belastende Rollenkonflikt, wenn man als stellvertretende Geschäftsführerin zuständig für alle Bestellungen, also auch für Klopapier und Kaffee, war. Das passte nicht so recht. Aber wirklichen Terminstress hatte es eigentlich nicht gegeben.

Jetzt aber hatte ich noch alle Hände voll zu tun, bevor ich um halb zehn losmusste. Da war zunächst das Googeln möglicher Coaching-Techniken. Dazu war ich gestern ja nicht mehr gekommen. Und damit wollte ich anfangen, sobald ich meine Meditation beendet hatte. Ach nein, doch lieber nicht. Lieber gleich anfangen zu googeln, denn man wusste nie, was sonst noch dazwischenkam. Die Meditation konnte ich auch danach noch machen.

Gesagt, getan. Je länger ich mich im Netz einlas, desto begeisterter war ich über meine Jobentscheidung. Da gab es ja wirklich unheimlich spannende Sachen. Neben so simplen Hinweisen wie: »Beginnen Sie jede Stunde mit der Frage nach dem Ziel derselben«, las ich über dreidimensionale Innenweltbegehung und Tetralemma, die NLP-Technik Ankern, die SMART-Methode zur Zieldefinition (spezifisch, messbar, attraktiv, realistisch, terminiert) und Selbstmanagement-Training mit dem Zürcher Ressourcen Modell (ZRM). Für viele Tools brauchte man ein Flipchart oder große, runde Pappen, aber es gab auch genug Techniken, die mit Visualisierung und positiven Gefühlen zu tun hatten und für die ich keine Pappe, sondern nur meinen Kopf brauchte. Ich lernte, dass man mit Worten im Coaching gar nicht weiterkam. Man musste an die Gefühle ran.

Na gut. Für meine Sitzung mit Sybille nahm ich mir drei Dinge vor:

1. Ich würde sie fragen, was sie am Ende der Stunde erreicht haben wollte – nach SMART-Art.

2. Ich würde ein bisschen über Selbstwahrnehmung und Fremdwahrnehmung sprechen, aber in Bildern.

3. Wenn noch Zeit wäre, würde ich vielleicht doch über ein abgespecktes Tetralemma versuchen, ein paar Dinge auszuschließen – unterstellt, dass wir immer zu viele Dinge auf einmal wollen, dabei wollen wir oft gar nicht alle.

Puh. Das klang nach ganz schön viel, aber ich fand, es wirkte auch ungemein professionell.

Zufrieden wollte ich mich meiner Meditation zuwenden, beschloss aber dann, erst mal zu duschen.

Danach war es schon halb neun. Kinder, wie die Zeit verging. Damit war jetzt Eike an der Reihe. Ich wusste ja, dass er immer recht früh im Büro war, aber um halb neun konnte er noch in keinem Meeting sein. Insofern war Rausreden keine Option. Also los.

Tatsächlich nahm er nach dem zweiten Klingeln ab. »Hallo, Mama.« Ich konnte genau hören, dass er natürlich wusste, was jetzt kam. Er klang nämlich: genervt, hilflos, in der Pflicht.

»Guten Morgen, mein Sohn. Könntest du mir kurz erklären, warum ich so lange nichts von dir gehört habe und dich nun noch mal erinnern muss?«

Leises Aufstöhnen auf der anderen Seite. »Mama, bei allem, was recht ist. Ich habe auch noch andere Dinge zu tun.«

»Hast du nun mit deinem Vater gesprochen oder hast du nicht?«

»Ja, habe ich.«

»Aha.«

Schweigen.

»Und, was sagt er?«

»Begeistert ist er nicht.«

Natürlich war Andreas nicht begeistert. Aber das hatte auch niemand von ihm verlangt. »Hast du ihm gesagt, dass ich ihn gegebenenfalls auf Unterhalt verklagen werde?«

»Nein, das habe ich ihm nicht gesagt, weil es vollkommen absurd ist. Du hast keinen Anspruch auf Unterhalt.«

»Doch, habe ich, einen moralischen.«

»Der ist nicht justiziabel.«

»Von wem hast du bloß diese Korinthenkackerei …«

»Nun mach mal halblang. Mein Eindruck war, dass er die moralische Seite selbst sieht und nicht ganz abgeneigt ist.«

»Nicht ganz abgeneigt? Und das heißt dann genau was?«

»Er möchte persönlich mit dir sprechen. Er hat den nicht ganz unbegründeten Zweifel, wenn ich das mal so sagen darf, dass diese Coaching-Sache vielleicht doch eher eine von deinen Schnapsideen sein könnte. Er meint, und das kann ich nicht ganz von der Hand weisen, dass du doch vielleicht etwas zu … jetzt reg dich nicht sofort wieder auf … zu alt für so einen Schritt bist. Vielleicht solltest du lieber versuchen, im Bereich Büroorganisation oder Empfang eine Festan–«

Weiter kam mein Sohn nicht, denn bereits bei dem Wort »Büro« schob sich eine große dunkelrote Fläche der Wut vor mein inneres Auge. »Sag mal, seid ihr jetzt beide verrückt geworden? Ihr traut mir gerade noch zu, einen Job als Tippse oder Jackenabnehmer zu finden? Was heißt finden! Das habt ihr ja noch nicht mal gesagt. Suchen. Erst mal nur suchen. Wahrscheinlich denkt ihr, ich finde ihn gar nicht. Vielleicht darf ich dich davon in Kenntnis setzen, dass ich heute bereits um halb sieben aufgestanden bin, weil ich nämlich so viel zu tun habe, dass ich die Zeit vor meiner ersten Klientin heute um zehn für die Aufarbeitung anderer Projekte nutzen wollte. Und ab Montag bin ich als Consultant für eine Werbefilmfirma unter Vertrag. Ja-ha, du hast ganz richtig gehört. Ein Teil meiner beruflichen Neuorientierung umfasst auch den Bereich Unternehmensberatung. Na, da staunst du, was? Und du willst mich als Vorzimmeruschi vermitteln. Ich glaube wirklich, ihr beide habt den letzten Schuss nicht gehört. Als Regenschirmhalter seht ihr mich!«

»Mama, ich hab's kapiert … schon gut –«

»Und als Kaffeeaufwärmer, als Hutablage, als Badewannenstöpsel, als Pfeifkesselaufsatz …« Ich redete mich selten so in Rage. Ich weiß gar nicht, ob ich jemals so gesprochen hatte, aber was bildeten diese Herrschaften sich eigentlich ein? Glaubten sie wirklich, mit ihrem beknackten Jurastudium und als Mann wären sie was Besseres? Wer hatte ihnen denn die Windeln gewechselt – also dem einen von beiden jedenfalls?

Irgendwann war die Luft dann aber auch raus. Ich nahm mir vor, Sybille Haferkamp gleich klipp und klar zu sagen, dass ich beileibe nicht jeden Klienten nahm. Bei Beleidigungen oder Anmaßungen hörte der Spaß sofort auf.

»Also, ich verspreche dir, Papa noch mal anzurufen und ihm zu sagen, dass er sich umgehend bei dir melden soll. Du hättest mich mit deinen Plänen überzeugt. Okay?«

»Okay«, sagte ich nur. Und dann noch: »Danke. Hab dich lieb.«

»Ich dich auch, Mama. Viel Erfolg weiterhin.«

Das Gespräch hatte mich ziemlich aufgewühlt, sodass ich beschloss, jetzt wirklich zu meditieren.

Überrascht stellte ich nach zwanzig Minuten fest, dass es geholfen hatte. Dieses tiefe Ein- und Ausatmen beruhigte wirklich das Nervensystem und man war danach ein wenig fokussierter. Ich sollte es dringend häufiger tun.

* * *

Wie geplant war ich sieben Minuten zu früh im Café, wo ich herauszufinden gedachte, warum Sybille unglücklich war. Ich legte schon mal Notizbuch und Stift bereit, prüfte im Handspiegel kurz, ob der Lippenstift nicht verschmiert war, und schaute dann konzentriert auf mein Handy. Musste ja niemand wissen, dass ich Tetris spielte.

Pünktlich um zehn Uhr betrat eine Frau in meinem Alter, vielleicht etwas jünger, das Café und schaute sich suchend um. Das musste sie sein. Hundertpro. Gepflegt, schlank, in

Jeans, Pumps und einem feinen dunkelblauen Wollpullover, Perlenkette. Genauso mussten Kristinas Tenniskolleginnen aussehen. Souverän lächelnd nickte ich ihr zu. Da kam sie auch schon angetippelt.

»Frau … Carola?«

»Hallo, Sybille. Wie schön, dich kennenzulernen.« Ich stand auf und bot ihr die Hand an. Kräftiger Händedruck. Sehr gut.

»Carola …« Sybille wühlte in ihrer Tasche und reichte mir ein mit einem Schleifchen versehenes Alufolie-Päckchen. »Ich habe dir eine Kleinigkeit mitgebracht. Schokoladenkuchen. Ich hoffe, du magst Schokoladenkuchen. Ich habe ihn gestern extra gebacken.«

Gerührt und irritiert nahm ich das Paket an. Wer brachte denn seinem Coach zum ersten Treffen Kuchen mit? Durfte ich das überhaupt annehmen? Noch dazu waren wir in einem Café. Offenbar war Sybille jemand, der gern versorgte. Gwendy würde sich bestimmt gut mit ihr verstehen.

Ich beschloss, die Geste zunächst neutral anzunehmen. »Danke, Sybille, das ist sehr nett.«

»Das ist ein französisches Rezept. Es wurde mir in einem Forum empfohlen, weil es weniger süß ist als Brownies, aber innen trotzdem so schön flüssig, also der Schokokern.«

Ich nickte und wollte lieber gleich zur Sache kommen. »Ich schlage vor, wir bestellen jetzt erst mal was und dann definierst du, was du dir von der heutigen ersten Stunde versprichst. Das ist ein klassischer Ansatz, der uns hilft, uns auf das Thema zu fokussieren und am Ende die Ergebnisse mit der Zielsetzung abzugleichen und auch aufzuschreiben. Das gibt nicht nur Struktur, sondern auch handfeste Erinnerungspunkte.«

Aus großen, klaren blauen Augen sah sie mich an. »Das klingt sehr gut.«

Meine erste Frage in meiner Fortbildung würde sein, wie man mit überhöhtem Erwartungsdruck umging. Zum Glück kam in diesem Moment schon der Kellner. Pfefferminztee für mich und für Sybille heißes Wasser mit Ingwer, Zitrone ohne Schale, wenn möglich etwas Birkenzucker (war natürlich nicht möglich) und am besten noch einem Apfelschnitz. Manometer. Kompliziert, entschlossen, passiv-aggressiv, schloss ich. Man musste nur einmal googeln und schon konnte man Menschen anders beurteilen als »ganz nett« oder »sie ist okay«.

»Also, was könnte das Ziel dieser Stunde sein, Sybille? Erzähl mal.«

»Na ja, also, wie ich schon sagte: Im Grunde geht es mir sehr gut. Ich führe eine so weit glückliche Ehe, habe Freunde, treibe Sport ...«

»Bist du deswegen hier? Weil es dir so gut geht?«

Sie fixierte das Kuchenpaket und schüttelte den Kopf. »Ich hatte erst überlegt, dir eine Torte zu machen. Aber die wäre auf dem Weg bestimmt zermanscht.«

Bestimmt wäre sie das. Wie konnte jemandem nur ein blöder Kuchen so wichtig sein?

»Sybille, gestern am Telefon meintest du, du seist unglücklich. Kannst du mir sagen, was dich unglücklich macht?«

Sie sah mich an und ihre Augen begannen zu schwimmen. Oh nein. Nicht heulen, jetzt bitte nicht heulen. »Es ist das Gefühl einer ganz schrecklichen Leere. Völlig unbegründet, ich weiß, aber es ist da.«

»Arbeitest du, Sybille?«

»Um Gottes willen, nein!«

Noch so eine Berufsehefrau. Ich würde Kristina demnächst mal fragen, in welcher Kanzlei denn Sybilles Mann Partner war. Gab es in ganz Hamburg nur reiche Ehemänner?

»Ist die Leere, die du fühlst, eher in deinem privaten Umfeld begründet, habe ich das richtig verstanden? Der Beruf ist nicht dein Problem?«

»Nein, meinen Beruf habe ich nie vermisst.«

»Was hattest du denn für einen Beruf?«, fragte ich neugierig.

»Ich habe Kunstgeschichte studiert und in einer Galerie gejobbt. Da habe ich auch Gregor kennengelernt, und als wir dann von Frankfurt nach Hamburg gezogen sind, habe ich nie wieder angefangen. Will ich auch nicht.«

Spontan musste ich daran denken, was ich heute Morgen über das Ankern und Visualisieren gelesen hatte. Und weil ich ja irgendwann mal mit den Techniken anfangen musste, warum nicht gleich?

»Wenn du an deine Leere denkst, Sybille, welche Farbe hast du dann vor Augen?«

»Blau. Eisblau eher.«

»Hm, hm«, machte ich. »Und jetzt stell dir mal vor, du hättest diese Leere in dir irgendwie gefüllt. Stell dir mal vor, du stehst auf als Sybille mit dem satten, guten Gefühl, dass sie ihren Tag mit etwas verbringt, das sie erfüllt. Welche Farbe würdest du diesem Gefühl geben? Nimm dir ruhig etwas Zeit.«

Phänomenal, was bei solchen Gedankenspielen in Menschen vorgeht. Auf Sybilles Gesicht jedenfalls zeichnete sich direkt ein kleines Lächeln ab.

»Ach, also, das wäre eine ganz warme Farbe. Das ist ja auch ein ganz warmes Gefühl. Es wäre also orange, vielleicht mit einem Hang ins Erdig-Bräunliche. Es wäre nämlich warm und auch etwas schwer. Gut schwer. Ja, es wäre so braun, ocker und orange ganz oben. Vielleicht wie ein Marmorkuchen mit Schokoguss und einer Marzipanmöhre obendrauf.« Sybille grinste.

Also, wenn sie gerne arbeiten würde, hätte ich ihr sofort eine Konditorausbildung vorgeschlagen.

Ich nickte. »Ein erdiges, ockerfarbenes Gefühl. Sehr gut. Die spannende Frage ist ja jetzt, wie du dir dieses Gefühl verschaffen kannst.«

»Eigentlich ist es da.«

»Es ist da?« Wenn es da war, wo kam dann die Leere her?

»Ja, es ist da. Ich kann es nur nicht teilen. Ich kann es irgendwie nicht weitergeben.«

Hm. Sybille kam also um vor Glück und war unglücklich, dass nur sie es spürte.

»Aber kannst du nicht mit deinem Mann oder deinen Freunden reden, wenn es dir so gut geht?«

»Es geht doch hier nicht ums Reden!« Jetzt wurde Sybille fast ein wenig wütend. Ich musste vorsichtig sein.

»Pass mal auf, Sybille. Wir machen jetzt mal ein kleines Spiel.« Ich nahm meine Untertasse, häufelte etwas von dem Rohrzucker darauf, den sie anstatt des Birkenzuckers gebracht hatten, und sagte: »Stell dir mal vor, das hier ist dein gutes Gefühl der Fülle. Wie sähe es denn aus, das weiterzugeben? Wo hättest du das Gefühl, dass du es teilen kannst?«

Sie starrte auf die Untertasse mit dem Zucker, nahm ein Blatt Minze aus meinem Tee, biss einen Keks so ab, dass ein Halbmond übrig blieb, und legte ihn wie einen Smiley unter den Haufen Zucker. Das Minzblatt legte sie oben auf das Häufchen. Dann knipste sie zwei runde Stücke von ihrem Ingwer ab, legte sie rechts und links in den Haufen, drehte die Untertasse um und schob sie mir hin. Tatsächlich grinste mich da ein Gesicht irgendwie lustig an. »Das ist ja ein Männchen. Mit Hut! Ein Jägermännchen. Ein Jägermeisterchen!« Ich gluckste und sofort fiel Sybille in die Freude ein.

»Du möchtest also deine Freude teilen?«, fragte ich Sybille.

»Nein«, sagte sie strahlend, »nicht nur teilen. Jetzt weiß ich es: Ich möchte Freude bereiten. Ich möchte anderen eine Freude machen. Ich möchte andere gern versorgen …«

Potz Blitz! Was so ein bisschen Visualisierung doch aus den Leuten herausholte. Da war ich selbst baff!

»Genau«, sagte ich, als hätte ich es die ganze Zeit schon gewusst: »Du möchtest gern Freude bereiten und andere versorgen. Schau, und wir haben nicht mal fünfundvierzig Minuten gebraucht, um das herauszufinden. Ist das nicht großartig?«

»Carola, ehrlich. Kristina hat wirklich nicht übertrieben. Seit Monaten geht es mir zunehmend schlecht mit diesem Thema, aber ich wäre allein niemals auf die Idee gekommen, dass die Lösung so naheliegend ist. Es fühlt sich fantastisch an, so erleichternd.«

»Ja, du hast heute schon einen ganz wichtigen Schritt nach vorn gemacht. Den schreibst du dir nachher auf. Es ist wichtig, dass du eine Art Coaching-Tagebuch führst, das du dir anfangs auch mehrmals am Tag durchliest. So verankerst du das neue gute Gefühl in deinem Gehirn, weißt du. Und zum Abschluss bitte ich dich, dir hier im Raum einen Ort zu suchen, an dem du dich an dieses Gefühl am besten erinnern kannst. Also dein Gefühl der Fülle in Ocker, Braun und Orange. Hier im Raum. Verstehst du?«

Sybille sah sich um. »Hier?«

»Ja, hier. Für den Anfang. Du kannst das später auch zu Hause wiederholen und dir dort auch einen Ort suchen, an dem du ganz schnell auf dieses Gefühl zurückgreifen kannst. Das hilft dir, im Gefühl zu bleiben, wenn wir beim nächsten Mal daran arbeiten, um herauszufinden, was genau du mit Versorgen meinst und, vor allem, wen du versorgen willst. Denn das wissen wir ja noch nicht, nicht wahr?«

»Das stimmt natürlich. Also gut. Dann suche ich mir jetzt einen Ort für mein Gefühl, okay?«

Ich hob den Daumen und kramte mein Handy heraus. Es hatte mindestens drei Mal vibriert und ich wollte endlich sehen, wer mich da so dringend zu erreichen versuchte. Als ich auf das

Display schaute, staunte ich nicht schlecht. Nicht Ulrike, nicht Gwendy, nicht Pia und auch nicht mein Ex. Die drei Anrufe in Abwesenheit kamen von keinem Geringeren als Nikolas Krause. Hatte er sich doch noch mal bequemt, sich zu melden. Ich beschloss, dass mir das egal war.

Während Sybille prüfend durch den Raum lief und sich gerade kurz auf die Fensterbank stellte, packte ich schon mal zusammen. Ich fand, es wäre in Ordnung, hier den durchschnittlichen Stundensatz zu verlangen: hundertfünfzig Euro. Und mindestens fünf Sitzungen anzusetzen.

18 Das zweite Date

Ich fühlte mich beschwingt. Ich hatte das Gefühl, dass sich etwas in mir gelöst hatte, ich eine Schnur zu fassen bekommen hatte, an der ich mich aus einem Sumpf herausziehen konnte – hinein in ein Leben, das sich so frei und modern anfühlte. Ich trug andere Klamotten, ging aufrecht, legte regelmäßig Lippenstift auf, meine Frisur gefiel mir gut und ich ging sogar wieder mit Absatzschuhen auf die Straße. Das alles war neu und es fühlte sich gut an.

Und zum ersten Mal dachte ich: *Es muss ja nicht gleich eine Beziehung sein, ein One-Night-Stand wäre völlig okay, um dieses Körpergefühl mal mit jemandem zu teilen und sich selbst wieder einmal anders zu spüren.*

Zum ersten Mal seit fast fünfundzwanzig Jahren konnte ich Gwendy verstehen, wenn sie von »locker sein«, »loslassen«, »einfach mal genießen« redete.

Insofern gab es keinen besseren Tag als den heutigen für Felix aus Bahrenfeld.

Felix hatte mir vorgeschlagen, ihn kurz vor Geschäftsschluss in seinem Gartenbaucenter abzuholen, dann könne ich gleich mal sehen, wo er arbeitete.

»Ich freue mich sehr«, hatte er geschrieben und keinen großen Firlefanz dazu, was ich ebenfalls gut fand. Nach Cordt_XXL und seinem Bullen eine wahre Wohltat!

Pünktlich um kurz vor achtzehn Uhr stand ich also vor dem Garten Eden, wartete auf Felix und dachte darüber nach, dass Garten Eden auch der Name eines Bordells sein könnte. Ob das eine Geschäftsidee war? Vielleicht könnte ich die Mitarbeiterinnen coachen und dann …

»Hallo!« Da war er auch schon. Sandfarbene Hose, hellblaues Hemd, Docksides, dichtes braunes Haar und ein Dreitagebart, der ihm gut stand. Felix war groß, breitschultrig und sah wirklich gut aus. Ich war angenehm überrascht. Eigentlich sollten bei so einem Kandidaten gleich die Alarmglocken schrillen, denn: Hat so einer es nötig, im Internet auf die Suche zu gehen? Ist das vielleicht einer, der freundlich guckt, aber in Wirklichkeit Frauenohren in Eimern sammelt? Oder sonst irgendwie … komisch ist. Nun. Im Garten Eden würde mir wohl nichts passieren. Und so sagte ich auch »Hallo« und reichte ihm die Hand, die er schüttelte (kein weicher Händedruck, Gott, ich danke dir!).

»Ich brauch noch eine Viertelstunde«, sagte Felix dann freundlich. Die Stimme war auch gut. Dunkel, nicht piepsig hell, was ich bei Männern absolut indiskutabel fand.

»Kein Problem, ich schau mich ein bisschen um.«

»Mach das. Magst du Bonsais?«

Das hatte mich noch niemand gefragt. »Äh, keine Ahnung.«

»Bonsais sind toll«, sagte Felix ehrfürchtig. »Sie müssen einen mögen und sie müssen spüren, dass man sie auch mag, sonst machen sie mit einem, was sie wollen.«

»Was machen sie denn?«

»Sie verlieren Blätter oder die Blätter werden braun, dann kommen Schädlinge ins Spiel und so weiter. Mit einem Bonsai ist es wie mit einem Hefeteig.« Abwartend schaute er mich an, und als ich nichts sagte, meinte er: »Man muss Lust haben, sich mit ihnen zu beschäftigen, sonst wird das nichts.«

Da ich meinen letzten Hefeteig zu Eikes viertem Geburtstag zubereitet hatte, konnte ich dazu wenig sagen, also lächelte ich nur höflich.

»Also, schau dich ein bisschen um, ich bin gleich da.« Mit einem fröhlichen Lächeln ging er und ich latschte durch den Garten Eden. Es gab nichts, was mich hier interessierte, denn ich hatte weder einen Garten noch einen grünen Daumen. Also brauchte ich weder Heckenschere noch Rosendünger und auch keine Liegestühle. Die Blumenkästen auf meinem Balkon bepflanzte ich im Frühling recht halbherzig mit dem Üblichen – Primeln, Narzissen, Schneeglöckchen – und über die Aufbewahrung von Blumenzwiebeln nach der Blüte hatte ich mir noch nie Gedanken gemacht. Was verblüht war, warf ich weg. So einfach war das.

Aber die Rosen waren wirklich sehr schön und sie dufteten gut. Ich blieb einen Moment stehen, schnupperte hier und da und setzte mich dann in einen der Teakholzliegestühle, von denen einer fast tausend Euro kostete.

»Bleib sitzen«, sagte Felix, als er kurze Zeit später wiederkam. In einer Hand trug er eine Flasche Crémant, in der anderen zwei Sektgläser. Er setzte sich neben mich. »Meine Leute sind weg. Ich liebe es, allein hier im Geschäft zu sein«, sagte er. »Du hast doch nichts dagegen, dass wir noch ein bisschen hierbleiben?«

»Nein«, sagte ich und setzte mich auf. »Eine lustige Idee, hier Sekt zu trinken.«

Er strahlte mich an und ließ den Korken knallen. »Schön, freut mich.« Er goss uns ein. »Auf einen schönen Abend.«

»Cheers!«

Wir tranken.

»Erzähl mal von dir«, bat er mich dann.

»Was willst du denn wissen?«

»Och, fang einfach an ...«

Also erzählte ich von meiner Vergangenheit, von den Kindern, der Ehe, der Trennung, der Zukunft und dass ja meistens alles anders kommt, als man denkt, denn noch vor ein paar Tagen hätte ich mir nicht vorstellen können, mit einem anderen Mann als meinem eigenen in einem Gartenbaucenter Crémant zu trinken.

Felix lachte und erzählte von sich. Von seiner Ex-Frau, die immer nur gemeckert hatte und der alles zu viel war, von seinem Sohn, den er regelmäßig sah und zu dem er glücklicherweise ein gutes Verhältnis hatte. Und er erzählte von den Unterhaltsforderungen seiner Ex und von ihrer Verbitterung und dass er sich ein unkompliziertes Leben wünsche, in dem es nicht nur dauernd selbst gemachte Probleme gebe. Ich nickte. Das konnte ich verstehen.

»Probleme kommen meistens von allein«, erklärte er. »Da muss man sich doch nicht noch künstlich welche basteln. Alles mit meiner Ex wurde zum Drama hochstilisiert. Wenn unser Sohn einen Schnupfen hatte, war es gleich die spanische Grippe oder Ebola oder die Pest. Die Trennung war natürlich nicht schön, aber ich bin froh, diesen Schritt gegangen zu sein. Aber so ganz ohne Frau, ohne Partnerin, das ist auch nicht schön.«

Ich nickte verständnisvoll. »Deswegen sind wir ja heute Abend beide hier«, sagte ich dann und wir stießen noch mal an. Der Crémant prickelte angenehm kühl in meinem Mund und schmeckte ganz ausgezeichnet. Ich fühlte mich gut. Richtig gut. Ich saß hier mit einem attraktiven Mann in einem Gartenbaucenter auf Liegestühlen, trank Crémant und das gefiel mir gut. Also alles. Der Mann ja auch. Ich hatte eine neue Frisur, ein schönes Kleid, schöne Beine und tolle Schuhe an. Und es setzte langsam dieser leichte Glimmer ein, den man spürt, wenn man ein paar Schluck Sekt oder Wein getrunken hat. So eine wunderbare Leichtigkeit, alles wird dann plötzlich einfacher.

Ich lehnte mich wieder zurück und betrachtete eine hochgewachsene Yuccapalme. Da spürte ich Felix' Hände auf meinen Knien. Er fing an, sie sacht zu streicheln, dann kam er näher und noch näher und schließlich kniete er neben meinem Liegestuhl und sein Gesicht näherte sich dem meinen. Immer weiter. Der Mann roch gut. Das taten sie inzwischen wohl alle, aber dieser Duft war besser als der von Cordt. Ein unaufdringliches Aftershave, würzig, erdig, männlich. Ich merkte auf einmal, dass ich ihn wollte. Hier und jetzt. Also versuchte ich, mein Glas auf dem Tischchen neben mir abzustellen, ohne dass es zersprang.

Eine Sekunde später war Felix über mir und wir küssten uns.

Mannomann, konnte der Mann küssen. Und seine Küsse schmeckten so, wie er aussah: verdammt gut.

Es ist viel zu lange her, dass ich mich so gefühlt habe, dachte ich verwundert, während ich Felix weiterküsste. *Auf gar keinen Fall soll das jetzt aufhören.*

Felix hörte auch nicht auf, er dachte gar nicht daran. Seine Hände waren überall und mir lief ein kalter Schauer nach dem anderen über den Rücken.

Zum Glück hatte dieser Liegestuhl ein dickes Polster und war stabil, das musste er die nächste halbe Stunde auch sein, denn ich hatte im Garten Eden mit Felix den besten Sex seit Jahren. Ich konnte mich ehrlich gesagt gar nicht daran erinnern, überhaupt jemals so guten Sex gehabt zu haben, aber vielleicht lag das auch nur an meiner Wut auf Andreas. Jedenfalls war es bombastisch und ich fühlte mich danach so wunderbar erfüllt.

Er blieb noch einen Moment bei mir liegen, dann versuchte er, von mir runterzukommen, was gar nicht so einfach war, und wir mussten beide lachen. Es war nichts peinlich oder so. Es war einfach ganz selbstverständlich.

»Kann es sein, dass du lange nicht mehr gekommen bist?«, fragte mich Felix dann.

Ich wurde rot. »Wie kommst du denn darauf?«

»Ist nur so ein Gefühl«, sagte er und grinste mich an.

Wir blieben noch eine Weile sitzen und unterhielten uns über Politik und über Ferien am Meer und stellten fest, dass wir beide keine Fans von Ed Sheeran waren. Irgendwann war es für mich an der Zeit zu gehen und Felix hielt mich auch überhaupt nicht auf. Er bedankte sich für den schönen Abend, rief mir ein Taxi und schloss das Gartenbaucenter von innen auf. Er wartete, bis das Taxi da war, umarmte mich und gab mir einen Abschiedskuss, den ich erwiderte. Dann ließ ich mich auf die Rückbank des Autos sinken. Wir machten weder etwas Neues aus noch hatte es irgendwelche Liebesschwüre gegeben – es war einfach nur um guten Sex gegangen, und den hatten wir beide genossen, aber hallo! Mehr war es nicht, das war klar. Warum? Ganz einfach. Weil ich noch gar keine neue Beziehung wollte! Ich lächelte vor mich hin.

Mann, war das ein scharfer Abend gewesen!

»Du kannst einen Strich machen«, sagte ich.

»Was kann ich?«

»Einen Strich machen. Oder einen Haken, was auch immer dir lieber ist.«

Gwendy kapierte rein gar nix und ich kicherte völlig blöde vor mich hin. »Ich hab's getan.«

»Carola, ich bin gerade mit Antoine auf einer Vernissage. Die Akustik ist wirklich schlecht und die Verbindung auch! Was willst du mir sagen?«

»Ich hatte Sex, Mann«, schrie ich in den Hörer und hoffte, dass meine Nachbarn das nicht hörten. Ich hörte sie manchmal, wenn sie stritten. Altbau eben. Gott, war ich froh, dass ich das auch endlich hinter mir hatte. Diese völlig überflüssigen Ehestreitigkeiten.

»Was? Echt? Mit wem?«

»Ja, echt, mit Felix aus Bahrenfeld. Ein ganzer Schnuckeliger. Wir waren im Garten Eden!«

»Ihr wart sogar im Puff? Wow. Dafür mache ich ja gleich zwei Striche. Ich sehe, so langsam kommst du zur Vernunft.«

Ich lachte und klärte sie über den Crémant im Gartenbaucenter und die tausend Euro teure Teakholzliege auf, auf der wir es getan hatten. Getrieben. Wie die Tiere. Ich machte Geräusche wie ein entlaufener Tiger.

»Schätzchen, ich bin wirklich stolz auf dich und demnächst gehen wir beide mal zusammen in ein Impro-Theater, aber je mehr du mir davon erzählst, desto dringender muss ich zu Antoine.«

»Wer ist das eigentlich?«

»Ein Freund von Piero.«

»Du hast ein Techtelmechtel mit einem Freund von deinem Freund? Was bist du für ein unmoralisches Stück.«

»Manchmal muss man ein Miststück sein, um in dieser Welt zu überleben.« Wie oft hatte ich dieses Zitat aus dem Film »Dolores« schon von Gwendy gehört. Oft. »Außerdem haben wir kein Techtelmechtel. Noch nicht.«

»Und warum machst du das?«

»Er kuratiert demnächst eine Ausstellung moderner Künstler in Saarbrücken.«

Ein Miststück. Wirklich wahr. Aber das diabolische Grinsen hatte ich trotzdem im Gesicht. Vielleicht hatte sie ja sogar recht.

19 Der Selbsttest – welcher Arbeitstyp bist du?

Am nächsten Morgen grinste ich immer noch von rechts nach links. Ich grinste einmal ganz rum. Dieser Abend im Garten Eden mit Felix war der Hammer gewesen! Der Hammer! Gwendy hatte schon recht: Man konnte sich die Dinge nicht erdenken, man musste sie *erleben*. Wenn ich es nicht besser wüsste, hätte ich gedacht, ich wäre maximal Mitte dreißig! Ich fühlte mich plötzlich so jung und vital.

Und dennoch – ich wäre nicht Carola Lustig, wenn ich nach so unproduktiver purer Sinnenfreude nicht doch gleich wieder ein schlechtes Gewissen gehabt hätte, weil ich meine beruflichen Pläne vielleicht etwas aus den Augen verlor. Also naschte ich etwas von Sybilles Schokoladenkuchen und beschloss, mal einen Selbsttest zu machen. Ich wollte herausfinden, welcher Arbeitstyp ich eigentlich war. Vielleicht sorgte der für Klarheit und brachte mich »in meine Kraft zurück« (beim Googeln über Coaching-Techniken gelernt).

Und so stellte ich mir selbst sechs Fragen, die ich ebenfalls beim Googeln gefunden hatte – Testfragen also:

1. Wie viele Stunden sind Sie an einem Arbeitstag gern im Büro?
   a. 0–1
   b. 2–5
   c. 6–10

2. Wie viele berufliche Gespräche würden Sie gern an einem Tag führen?
   a. 0
   b. 1–3
   c. 4–12

3. Mit wie vielen Projekten beschäftigen Sie sich gern gleichzeitig?
   a. 1
   b. 2–3
   c. 4–10

4. Wenn Sie drei Tage am Stück das Haus nicht verlassen haben, wie wahrscheinlich ist es dann, dass Sie an Tag vier Stimmen hören?
   a. Unwahrscheinlich
   b. Wenig wahrscheinlich
   c. Sehr wahrscheinlich

5. Was tun Sie am ehesten zur Entspannung?
   a. Sie machen Sport.
   b. Sie machen nix.
   c. Sie machen sich etwas zum Problem, um es zu lösen.

6. Stellen Sie sich vor, Sie gewinnen eine Million Euro im Lotto. Welche Auswirkungen hätte das auf Ihre Arbeitseinstellung?
    a. Gar keine
    b. Ich mache nur noch, was mir gefällt.
    c. Ich spiele kein Lotto.

Also, das war ja mal eine gute Idee. Ich fand diesen Fragebogen ausgesprochen spannend und kreuzte die Antworten mit großer Begeisterung an, gerade so, als hätte ich ihn nicht eben selbst entworfen. Für mich galt:

1b – Maximal 3,5 Stunden im Büro

2c – Aber ab sieben wäre ich schon ausgelaugt.

3c – Siehe Antwort zu 2

4c – Ich würde schon am zweiten Tag Stimmen hören, da war ich sicher.

5c – Vielleicht würde ich auch mal joggen gehen, aber lieber doch ein Problem lösen. Auch wenn es dieses nicht gab.

6 – Das war jetzt echt knifflig, denn hier hätte ich locker alles ankreuzen können.

Jetzt machte ich den Test mit Gwendy. Da ich sowieso wusste, was sie antworten würde, musste ich sie gar nicht fragen:

1a, 2a/maximal b, 3a, 4a, 5b (da Sex keine Antwortmöglichkeit ist) und bei 6 würde auch Gwendy sicher nichts ankreuzen, weil sie sowieso schon tat, was sie wollte.

Und mit diesem schlagenden Test hatte ich schwarz auf weiß, warum es überhaupt keinen Grund gab, auf Gwendy oder auf sonst wen neidisch zu sein, der sein Leben so ganz anders lebte als ich, denn:

- Selbst wenn ich die Begabung hätte und den ganzen Tag nur Bücher oder Gedichte schreiben oder einen anderen Job machen würde, bei dem ich nur zu Hause wäre, und damit meinen Lebensunterhalt verdienen könnte, würde ich das gar nicht wollen, denn es würde mich faktisch dazu zwingen, den ganzen Tag zu Hause zu sitzen und das Einkaufen zu meinem Highlight zu machen. Das aber, so ergab ja auch der Test, wollte ich definitiv nicht.
- Einen Schritt weitergedacht konnte ich auch sagen, dass jeder Mensch die Stärken bei sich ausbaut, die ihm ein Leben in Zufriedenheit ermöglichen. Deswegen bin ich vielleicht die geborene Schriftstellerin, ohne aber je Schriftstellerin werden zu wollen, weil mich die Rahmenbedingungen dazu nicht zufrieden machen würden.
- Und noch einen dritten Punkt hatte ich gerade aus dieser gelungenen Selbstcoaching-Maßnahme gelernt: Wenn ich mich denn gern mit drei bis fünf Projekten gleichzeitig umgab und gern fünf oder mehr Gespräche pro Tag führte, dann würde mein Leben wohl immer ein wenig unruhig sein. Darüber würde ich vermutlich weiter meckern, aber es wäre dennoch meins.

Bei diesem Gedanken hängte ich an meinen Fragebogen noch eine siebte Frage an, die hieß:

7. Wenn Sie die Wahl hätten, für welches Modell würden Sie sich entscheiden?
   a. Ein cholerischer Chef und ein fürstliches Gehalt
   b. Ein sehr netter Chef und ein gutes Gehalt
   c. Sie sind der Chef – und irgendwie kommen Sie über die Runden.

Es lag wohl auf der Hand, dass ich mich für Antwort c entschied. Und ich vermute, zumindest hier wären Gwendy und ich uns einig.

Mit dieser Erkenntnis konnte ich mich nun der Nachbereitung der Stunde mit Sybille widmen, als schon wieder das Telefon klingelte.

Diesmal war es nicht Nikolas. »Hallo, Andreas!«

»Du möchtest also … umschulen?«

Ich rollte mit den Augen. Andreas. Wie er leibte und lebte, immer schön geradeheraus, jede Spitze subtil versteckt und genauso gesetzt, dass man sich fühlte wie ein Schwerverbrecher. Zum Glück hatte ich mir gerade in meinem Selbsttest etwas Stärkung geholt.

Breathe in, breathe out. »Ja, danke, mir geht es auch gut.« Pause, in der keiner etwas sagte. Wann genau hatten wir eigentlich mit diesen Kämpfen angefangen? »Genau genommen möchte ich nicht umschulen, Andreas. Vielmehr werde ich auf meine berufliche Expertise als Marketingleitung eine Coaching-Ausbildung aufsetzen, die mich befähigt, meine Klienten noch besser zu unterstützen und meiner Selbstständigkeit einen größeren Wirkungskreis zu verleihen.«

»Und du meinst, das funktioniert und du hältst das durch?«

Ich fragte mich, wie er darauf kam, dass ich es nicht durchhielte. »Weißt du, Andreas, im Gegensatz zu dir gibt es in meinem Leben eigentlich nichts, was ich zu einem bestimmten Zeitpunkt einfach aufgegeben hätte, nur weil es mir zu mühsam oder zu langweilig wurde. Diese Frage musst du also nicht mir stellen. Und ob es funktioniert? Für einen Firmeninhaber ist das eine ziemlich dämliche Frage, denn auch du weißt am Ende nicht, ob du den Auftrag bekommst. Du weißt nur, dass du alles dafür getan hast, dass deine Chancen bestmöglich stehen, oder irre ich?«

»Schon gut, lassen wir das. Du willst, dass ich dir die Ausbildung bezahle. Warum?«

Weil du es mir schuldig bist, du Armleuchter! »Weil du es besser steuerlich absetzen kannst als ich.«

Er lachte kurz auf. »Deinen Humor habe ich schon immer geliebt …«

Jetzt nicht auf der Schiene, bitte. »Vielleicht, weil du keinen hast.«

Andreas räusperte sich. Wir waren grundsätzlich sehr wohl beide bemüht, unsere Auseinandersetzungen nicht eskalieren zu lassen. Andreas hatte mich wegen einer jüngeren Juratusse sitzen lassen und war dann doch anständig genug, deswegen ein schlechtes Gewissen zu haben. Manchmal.

»Du hast von siebentausend Euro gesprochen. Das ist ein stolzer Preis. Es gibt doch Fernlehrgänge, die deutlich günstiger sind. Und welches Zertifikat strebst du eigentlich an?«

Natürlich, immer die Sache mit den Titeln. »Ich neige zu ICI oder ISO, AZAV hat auch seine Fürs, TÜV oder ZFU kommen nicht in Betracht. Zu technisch oder zu stark aufs Gesundheitswesen bezogen.«

Noch Fragen? Andreas hatte offenbar keine. Google ist und bleibt einfach eine tolle Maschine!

»Und die Sache mit den Fernkursen ist die: Weißt du, nur weil sie mehr Selbstdisziplin erfordern, sind sie deswegen nicht gleich billiger. Im Grunde wäre das sogar ein Widerspruch, weißt du? Wenn ich einen Präsenzkurs an der International School of Coaching in Boston buchen würde, dann wäre das allerdings teurer geworden. Da hast du schon recht.«

»Schon gut, die Message kam an.« Er schwieg. Dann schob er in einem etwas sanfteren Ton nach: »Wie geht es dir denn sonst so? Kommst du klar?«

Es gibt wohl eine Wärme und Vertrautheit, die schwindet ab einer bestimmten Anzahl von gemeinsam gelebten Jahren nie mehr, und ich musste aufpassen, dass ich jetzt nicht ins Schlucken kam. »Danke, Andreas. Ja, ich komme bestens klar. Es geht mir wunderbar. Ich hoffe, dir auch. Ich würde jetzt aber gern, sagen wir mal, das Geschäftliche zu Ende bringen, okay?«

»Es gibt schon Sachen, die ich vermisse.«

Ach, wurde Jasmin jetzt schon langweilig? Oder ging sie nicht zur Reinigung für ihn? *Vielleicht fragst du auch mal, was ich vermisse. Idiot!*

»Jeder vermisst immer irgendwas. Ich im Moment eine definitive Aussage von dir«, riss ich mich zusammen.

Ich hörte ihn am anderen Ende der Leitung seufzen. »Also gut, du hast gewonnen. Mach deine Ausbildung und schick mir die Rechnung, wenn du sie hast. Lass mich wissen, wie es dir ergeht, und wenn du Fragen hast, also in Sachen Unternehmungsführung oder Umgang mit Steuern, Gewerbeanmeldung … was auch immer … dann …«

»Dann habe ich Freunde und meinen Sohn. Danke. Aber ich weiß dein Angebot wirklich zu schätzen.« Irgendwie hatte ich das Gefühl, es lief grad nicht so gut mit der jungen Frau. Andreas war sonst nicht so weich. Oder Olaf hatte ihm was von Kristina erzählt? Keine Ahnung. Aber es war mir auch egal. Worauf ich stolz war. Ich bin ich, und darauf kam es gerade an.

Ich rief Gwendy an und überredete sie, sich mit mir zum Mittagessen zu treffen. Natürlich musste ich zu ihr in die Ecke kommen. Denn da Gwendy gern sah und gern gesehen wurde, verließ sie ihren eigenen Kiez nicht gern, und ich wollte sie einladen. Schließlich gab es einiges zu besprechen:

- Den Selbsttest und wie man herausarbeitete, was zu einem passte.
- Die Finanzierung meiner Coaching-Ausbildung und die Wahl selbiger.
- Wie ich weiter mit Nikolas umgehen sollte.

Das war doch recht viel für einen Freitag.

20 Das Leben als Ja-Nein-Frage

»Und er hat sofort zugestimmt?«, fragte Gwendy, als sie ihre Spaghetti al tartufo nero vor sich hatte und ich meine Bolognese.

Ich drehte die Gabel auf dem Tellerboden, so, wie man es in Italien machte. »Na ja, was heißt sofort? Er wusste wohl, dass ich im Recht bin.«

»Sehr gut. Sonst hast du ja nichts mehr gegen ihn in der Hand, oder?«

»Wie kommst du darauf?«

»Weil es ungewöhnlich ist, dass Männer beim Geld einfach so klein beigeben.«

Wir aßen schweigend weiter. »Meinst du, ich sollte vielleicht auch mal eine Fortbildung in Erwägung ziehen?«, fragte sie schließlich.

»Du? Was denn für eine?«

»Keine Ahnung, du bist der Coach.«

»Gwendy, wie viel Lust hast du, morgens um acht aufzustehen?«

»Gar keine.«

»Und wie gern möchtest du dich länger als eine Stunde auf eine Aufgabe konzentrieren?«

»Wieso denn eine Stunde?«

»Da haben wir's. Welche Ausbildung also?«

»Ich weiß auch nicht.«

»Eben. Das hat dein Test auch ergeben.«

»Welcher Test?«

Ich erzählte ihr von meinem selbst entwickelten Arbeitstyptest und erwähnte auch direkt Gwendys Ergebnisse.

»Ach, das ist ja toll.«

»Nicht wahr?!« Rein aus Neugier fragte ich sie, was sie wohl bei Frage 7 angekreuzt hätte. Die mit dem Chef.

»Welchen Chef … welchen Typ Chef … Ich weiß nicht. Ich bin mein eigener Chef! Du stellst vielleicht Fragen!« Sie beäugte ein Stück Trüffel auf ihrer Gabelspitze. »Das ist doch kein schwarzer Trüffel. Der ist doch weiß.«

Ich gab auf und erzählte ihr von Sybilles erster Stunde und natürlich von den drei verpassten Anrufen von Nikolas. »Was meinst du, soll ich ihn zurückrufen?«

»Natürlich nicht.«

»Warum nicht?«

»Das habe ich dir doch neulich lang und breit erklärt. Ach, Schatzilein, warum stehst du dir bloß immer selbst so im Weg? Du hast mir doch von diesem Tetra-Dingsda …«

»Tetralemma«, half ich aus.

»Von dem jedenfalls erzählt. Das funktioniert doch ganz einfach: das eine. Oder das andere. Stell die erste Frage zum Thema Nikolas.«

»Soll ich anrufen?«

»Genau. Und hier hast du doch zwei Möglichkeiten, oder? Ja. Oder nein.«

»Das Tetralemma ist viel komplexer, da gibt es auch noch …«

»Herrje, dann mach es halt mit den zwei Pappen. Schreib auf eine Nein und stell dich drauf und guck, was du fühlst. Und dann stellst du dich auf die andere, auf der Ja steht, und guckst, was du da fühlst. Verstanden?«

Ich kam mir irgendwie komisch vor. Wieso erklärte mir Gwendy gerade meinen Job? Im Geiste stellte ich mir diese Übung vor und es war ziemlich eindeutig, dass ich im Moment wahrlich überhaupt keine Motivation hatte, mit Nikolas Krause zu reden. Ich hatte auf der »Ja, anrufen«-Pappe regelrecht ein unbehagliches Körpergefühl. Weil diese Anni mich so abserviert hatte. Und weil es so offensichtlich war, dass Nikolas in der Klemme saß und sich einen Rat von mir erschleichen wollte. Das war heimtückisch, so dachte ich. Auf der »Nein«-Pappe hingegen musste ich sofort lächeln. Es fühlte sich ganz wohlig an, ihn ein bisschen zappeln zu lassen. Es fühlte sich stark an, ein Spiel zu durchschauen und sich nicht länger ausbeuten zu lassen.

Unmittelbar kam mir auch der Geruch von Lustig*Media* in die Nase. Er war staubig und irgendwie wie drei Jahre altes Brausepulver, sauer und ein bisschen bitter. Ich hatte noch gar nicht darüber nachgedacht, merkte aber gerade, dass man sich bei jedem Neuanfang auch genügend Zeit nehmen muss, das Alte zu verarbeiten. Denn da, auf der »Nein«-Pappe, wurde mir erst richtig bewusst, wie ausgenutzt und ausgelacht ich mich seit Jahren schon gefühlt hatte.

Und da kam dann auch das Alter wieder ins Spiel: Pia hätte vielleicht ihrer Vergangenheit den Stinkefinger gezeigt und selbstbewusst behauptet, dass »die« es nicht wert sind, dass sie sich so für sie aufreibt. Sie würde einfach weitermarschieren und ihr nächstes Ziel ins Visier nehmen. Sie würde für sich sorgen. Bei mir aber war das anders. Ich wurde auch belächelt, weil ich schon etwas älter war. Ich wurde abgestempelt, weil ich ein Auslaufmodell war, weil ich mir Dinge bieten ließ, die unwürdig waren. Ich tat das, weil sich die jugendliche Unbeschwertheit ganz organisch und natürlich mit der Jugend selbst irgendwann verabschiedet. Das ist Teil des Lebenszyklus. Und auch deswegen war ein Neuanfang mit über fünfzig oder auch mit Mitte vierzig eben eine andere Sache als mit Mitte zwanzig. Das Alter wird irgendwann zum Faktor.

Puh, dachte ich, *das ist ja ganz schön starker Tobak. Lehrreich und gut zu wissen, aber auch ganz schön hart.* Ich war kurz davor, mir selbst ein bisschen leidzutun. Andererseits freute ich mich auch darüber, so am eigenen Leib zu erfahren, was meine Klienten mit ihren Themen alles durchmachten.

Ich meine, wer kam denn so ohne Weiteres auf die Idee, dass die »Nikolas Krause anrufen? – Nein«-Pappe einen dazu einladen würde, eine soziologische Abhandlung über den Unterschied in der Wahrnehmung der Erniedrigung am Arbeitsplatz mit zwanzig oder mit fünfzig zu skizzieren?

Eben. »Das klappt, Gwendy«, sagte ich erstaunt, nachdem ich meine Gedanken zu Ende gedacht hatte.

»Natürlich klappt das. Das ist instinktives menschliches Verhalten. Dafür braucht man wirklich keine Ausbildung. Und wenn doch, dann nur, weil heute keiner mehr auf seine Instinkte hört.«

»Hm«, machte ich kleinlaut. »Und bei welchem Institut mache ich nun die Ausbildung?«

»Himmel, Mädchen, wenn es nicht so anstrengend wäre, könnte es fast Spaß machen. Also, sag schon, wie viele hast du in die engere Wahl genommen?«

»Sechs!«

»Sind die alle hier in Hamburg?«

»Eins ist in der Schweiz.«

»Möchtest du gern drei Monate in die Schweiz?«

»Also, ich möchte schon, aber das geht ja schlecht, wenn ich das Interimsmanagement … Das habe ich Andreas auch schon gesagt.«

»Schmeiß die Schweiz raus.«

»Dann bleiben noch fünf.«

»Wie viele davon sind Präsenzausbildungen?«

»Auch zwei.«

»Willst du wirklich über eine längere Zeit wieder die Schulbank drücken und dann auch kein Geld verdienen?«

»Also, ich möchte schon, aber das geht ja schlecht, wenn ich das Interimsmanagement …«

»Schmeiß die beiden auch raus. Bleiben drei übrig, stimmt's?«

Ich nickte kleinlaut.

»Dann machst du dir wieder drei von deinen Pappen, schreibst drei der jeweils wichtigsten Merkmale drauf, stellst dich drauf und fühlst, wie es dir damit geht. Verstanden?«

Natürlich hatte ich verstanden, und ich konnte mir jetzt schon denken, für welches Institut ich mich entscheiden würde.

Es war so herrlich, wenn das Leben leicht war.

Das hatte ich heute also gelernt: Ich hatte gelernt, dass das Alter sehr wohl ein Faktor war. Und dass es half, sich ganz konkrete Fragen zu stellen, die im ersten Schritt auf ein Ja oder Nein hinausliefen. Das abstrakte Brüten über vagen Fantasien wie »Aber Schweiz wäre auch schön« (obwohl Gwendy gesagt hatte, ich solle die Schweiz rausschmeißen, sah ich mich am Fuß eines Berges mit ganz viel Toblerone in der Sonne liegen und lernen, während Heidi und Peter Geißen an mir vorbeitrieben und ein Alm-Öhi mir frischen Ziegenkäse brachte) oder »Ich würde Menschen kennenlernen, wenn ich Präsenzkurse belege« brachte einen nur vom Weg ab, der nun mal gepflastert war mit Lebensrealitäten. Jeder hatte andere: Kristina etwa könnte locker ein Präsenzseminar zum Thema Eventplanung absolvieren. Sollte sie wahrscheinlich sogar, weil sie dort vielleicht Gleichgesinnte träfe. Und für Sybille wäre ein Fernstudium zum Thema »Wie schaffe ich Nähe, indem ich andere versorge?« regelrecht Gift. Aber für mich, für mich persönlich, war es das Beste, was ich tun konnte.

Eigentlich hatte ich ja vorgehabt, erst mal in meine Job-Plattform-Accounts zu gehen und zu schauen, was aus den inzwischen insgesamt acht Bewerbungen geworden war, die ich in den vergangenen zehn Tagen abgesetzt hatte, aber nach der ersten Abfrage hatte ich die Nase schon voll. Es ging um die Stelle bei der Personalvermittlung, die eine Koordinatorin für was auch immer suchte.

Nachricht von Montag um 10.43 Uhr:

»Haben Sie vielen Dank für Ihre Bewerbung. Die Sichtung wird noch einige Zeit in Anspruch nehmen.«

Ich kratzte mich am Kopf. Die Bestätigung hatte ich doch schon vor Wochen bekommen. Lustig.

Mail von Montag um 10.46 Uhr:

»Haben Sie vielen Dank für Ihre Bewerbung. Leider müssen wir Ihnen mitteilen, dass wir uns für einen anderen Kandidaten entschieden haben …«

Ach so. Die hatten sich offenbar für den falschen Mailbaustein entschieden und das jetzt schnell korrigiert. Wie professionell!

Genervt schloss ich den Account wieder und wendete mich meinem ausgewählten Lieblingsinstitut für Life- und Businesscoaching zu, um noch mal den Studienplan zu studieren. Ich hatte mich letztendlich tatsächlich für das Institut mit den unterschiedlichen theoretischen Ansätzen entschieden. Die Flexibilität war mir wichtig und es hatte einfach Hand und Fuß, was die erklärten.

Außerdem mochte ich ihren Werbeslogan: *Sie werden überzeugen! Immer mehr Menschen brauchen professionelle Hilfe!* Wie wahr! *Wir machen Sie fit für Ihre erfolgreiche Praxis – und das mit nur einer Stunde täglich.*

Mann, klang das toll! Nicht nur, dass ich die Grundlagen psychologischer Beratung lernen und ins Krisenmanagement eingewiesen werden würde (was mir bei Kristina neulich ja geholfen hätte, wenn es denn eine Krise gewesen wäre) – erst mal ging es an Selbstorganisation, Methodik und Eigenmotivation. Das brauchte ich zwar nicht, aber vielleicht würde ich doch mal einen Hänger haben, wer weiß?

Und dann ging es richtig los. Das fühlte sich alles so richtig an, obwohl es mir auch ein bisschen Angst machte: Denn man lernte dort auch Hypnosetechniken und Angstprävention, es ging um Partnerschaft und Gesundheit und sogar die Weltreligionen kamen vor. Oh mein Gott, ich war ganz aufgeregt und wollte sofort loslegen. Das klang so super. Natürlich gab es auch Einheiten, wo es bei einem selbst bestimmt ans Eingemachte ging, Stichwort Selbstwahrnehmung/Fremdwahrnehmung. Aber nur, wenn man sich selbst reflektierte, konnte man das auch bei anderen, oder?

Die drei Präsenzseminare à zwei, drei und vier Tage waren freiwillig. Aber es stand für mich außer Frage, dass ich die natürlich besuchen würde. Man musste das Gelernte doch auch anwenden, bevor man damit auf echte Klienten losging.

Das Einzige, was mir dann aber doch einen echten Schock versetzte, war der Preis für einen Lehrgang, der auf immerhin zehn Monate angesetzt war: Die verlangten schlappe 4 235 Euro. Lernhefte schon inklusive!

Das war jetzt echt enttäuschend. Ich hatte mich so wacker geschlagen und bei Andreas siebentausend Euro rausgehauen. Und jetzt sollte ich nur 4 235 Euro davon ausgeben? Das war ein unnötig entgangener Gewinn von ganzen 2 765 Euro. Was ich damit alles anstellen könnte! Da musste ich mir wirklich noch was einfallen lassen. Es wäre doch zu schade drum.

Ohne weiter darüber nachzudenken, füllte ich den Anmeldebogen aus. Das dauerte keine fünf Minuten. Bei Zahlungsweise kreuzte ich Rechnung an. Den Differenzbetrag musste ich mir auf anderem Wege holen. Ich drückte auf »Senden« und mir wurde versprochen, dass ich schon in ein paar Tagen die Studienunterlagen für die Unit 1 erhalten würde. Irre!

Ich war auf dem Weg, Life- und Businesscoach zu werden. Hätte man mir das vor sechs Monaten erzählt, hätte ich demjenigen müde einen Vogel gezeigt. Aber vor sechs Monaten hatte ich ja auch noch nicht den bahnbrechenden Entschluss gefasst gehabt, das Ruder noch einmal völlig rumzureißen. Und zwar mit dreiundfünfzig!

Ich war so glücklich, dass ich Pia außer der Reihe eine WhatsApp schickte:

> Hab mich grad zur Coaching-Ausbildung angemeldet.
> Papa zahlt :-). Bin total happy! Kuss, Mama

Keine drei Sekunden später bekam ich die Antwort:

> Cooool ;-). Wie hast du das denn geschafft?
> Ich fand, er war dran :-).
> In jeder Hinsicht :-D. Hab dich lieb!
> Ich dich auch. Alles okay bei dir?
> Beeeestens …

Ich sah auf die Uhr. Bei uns war es halb fünf. Dann war es bei denen etwa halb vier Uhr morgens. Egal wie lieb man Koalas hatte – die Nacht musste man sich ihretwegen wohl eher nicht um die Ohren schlagen. Ich würde Pia bei unserem nächsten Telefonat mal auf den Zahn fühlen.

Jetzt aber würde ich gar nichts mehr tun, außer in dem wohligen Gefühl meiner eigenen Zukunft zu schwelgen und davon zu träumen, was sie mir wohl noch so alles zu bieten hatte.

21 Ich lerne neue Leute kennen

Obwohl ich zu normaler Zeit ins Bett gegangen war, verschlief ich am Samstag fast und musste mich total sputen, um pünktlich um kurz vor zehn am Speicherhaus zu sein und diese Jutta zu treffen. Als ich beim Treffpunkt ankam – dann doch wieder fünf Minuten zu früh, Pünktlichkeit war fast schon eine Unart von mir –, wunderte ich mich wie schon so oft, warum normale Institutionen, Start-ups oder auch Hilfsorganisationen grundsätzlich immer an den hippesten Orten zu finden waren. Auch dieser Workshop, gratis wohlgemerkt und von einem Verein namens Jobfit angeboten, fand natürlich direkt an der Elbe im Hafen statt. Ich gebe zu, es war die falsche Elbseite – die, von der aus man auf die HafenCity schaute, und nicht die, auf der die HafenCity lag –, aber es war immer noch Elbblick. Und der war teurer als der Blick auf die Rückwand einer Autowerkstatt in Wandsbek-Gartenstadt, zum Beispiel. Sei's drum. Mir konnte das egal sein, denn ich zahlte ja nichts, würde dafür aber etwas lernen. Suchend sah ich mich um, bis mein Blick um kurz vor zehn an einer Frau mit langen, etwas gewellten Haaren hängen blieb, deren Blick sich ebenfalls fragend auf mich richtete.

Ich ging auf sie zu: »Jutta?«

Ein offenes Strahlen ging über ihr Gesicht. So aufrichtig, dass ich automatisch zurückstrahlte. Überhaupt wirkte diese Jutta erfrischend – erfrischend wach, erfrischend zugewandt und erfrischend bunt angezogen, mit bunten Strickleggings, die ich zuletzt in den Achtzigerjahren gesehen hatte, einer dicken hellbeigen Daunenjacke und einer nordischen Zipfelmütze mit Ohrenklappen.

Sie lief auf mich zu. Ich schätzte sie auf Mitte zwanzig, halb so alt wie ich. Ein Vierteljahrhundert und mehr jünger als ich. Egal was für Probleme ihr die Selbstständigkeit bringen würde, das Alter war bei ihr noch kein Faktor.

»Dann bist du Carola? Wie schön, dass du wirklich gekommen bist.« Als sie meinen fragenden Blick sah, fügte sie erklärend hinzu: »Kennst du das nicht, dass dir Leute zusagen und dann einfach nicht auftauchen, erst recht, wenn man sich noch nicht kennt?«

Ich überlegte. »Eigentlich nicht, aber ich habe mich auch noch nie mit Leuten verabredet, die ich nicht kannte. Da bist du eigentlich die Erste.«

»Echt, ist ja lustig. Komm, lass uns schnell rein, damit wir noch einen halbwegs anständigen Platz bekommen.«

Na ja, es war eine Minute vor zehn. Sollte es sehr voll werden, wären wir eh zu spät. Aber wir hatten Glück. An diesem Samstagvormittag wollten wohl nicht so viele Menschen über eine Existenzgründung nachdenken. Die Doppeltische waren nur mit jeweils einer Person besetzt; wir waren vierzehn, und außer mir und einem älteren grauhaarigen Herrn mit südländischem Aussehen waren die Leute alle eher in Juttas Alter. Deutschland war eben das Land der Unternehmer. War ja vielleicht ein gutes Zeichen.

In dem Moment tauchte auch schon der Seminarleiter auf. Das Markanteste an ihm waren seine Cowboystiefel.

Ich mochte keine Männer mit Cowboystiefeln. Schon gar nicht solche mit leichten O-Beinen. Seine Haare waren halblang und dünn, sein Lächeln war siegesgewiss. Kurzum: Ich mochte ihn schon jetzt nicht. Zum Glück sollte er uns nur ein paar Informationen näherbringen und uns auf Risiken hinweisen, die wir vielleicht nicht sahen.

»Guten Morgen, meine Damen und Herren. Wie schön, dass Sie heute den Weg zu Jobfit gefunden haben! Ich verspreche Ihnen, in genau vier Stunden werden Sie ziemlich sicher wissen, ob Sie ein Gründertyp sind und eine tragfähige Idee haben oder ob Sie sich doch schleunigst wieder auf Stellensuche machen sollten. Na, ist das nicht was? In vier Stunden werden Sie wissen, wohin es Sie in Zukunft beruflich verschlägt. Das ist doch besser als jede Handleserei – und dann auch noch umsonst. Leute, freut euch, der Weg ist schon da, ihr müsst ihn nur gehen.«

Ich rollte mit den Augen. Was für ein Idiot.

»Der ist cool, oder, so motivierend?« Jutta knuffte mich in die Seite.

»So, meine Damen und Herren. Dann machen wir doch mal einen kleinen Test zum Aufwärmen: alle aufstehen, bitte.«

Ich guckte mich um, aber alle erhoben sich anstandslos, also tat ich es auch.

»Wer von Ihnen hat schon eine ganz klare Vorstellung von dem Business, mit dem er sich selbstständig machen möchte, und wie in etwa er es anstellen kann? Wer das für sich mit Ja beantwortet, bleibt stehen. Alle anderen bitte setzen.« Drei setzten sich, der Rest blieb stehen.

»Wer von Ihnen ist bereit, sechzig und mehr Stunden pro Woche zu arbeiten und zunächst auf Urlaub und Wochenenden zu verzichten? Die bleiben stehen.«

Zwei setzten sich. Einer ging ganz. »Sechzig Stunden und kein Urlaub. Ich glaub, ich spinne …«

»So – und jetzt Hand aufs Herz: Sie haben noch drei Euro und fünfzig Cent auf dem Konto und drei offene Auftragsangebote. Für alle drei bekommen Sie heute eine Absage. Machen Sie nächste Woche weiter und schreiben drei neue? Oder brechen Sie zusammen und geben auf? Letztere bitte setzen.«

Ich wollte schon Platz nehmen, als ich mich an Nikolas Krause und Heiko erinnerte und dachte, dass in so einer Situation einfach ein Stern vom Himmel fiel. Bei mir war es ja so gewesen. Also blieb ich stehen.

Zwei setzten sich. Jetzt standen noch sechs, einschließlich Jutta und mir.

»Haben Sie finanzielle Rücklagen oder einen Partner, der Sie am Anfang unterstützen kann? Dann bleiben Sie stehen.«

Wieder wollte ich mich setzen, aber dann dachte ich an die siebentausend Euro von Andreas und mir fiel auch endlich ein, wie ich sie mir komplett sichern konnte: Andreas musste mir die Differenz zur Kursgebühr einfach als Polster überlassen. Punkt.

Jutta und noch jemand setzten sich. Ich blieb stehen.

Vier waren übrig. Vier von vierzehn, die bislang voll ins Gründertypenschema passten. Ich freute mich und war ein bisschen stolz. Ich lächelte den älteren Herrn an, der auch noch stand. Was er wohl eröffnen wollte?

Erwartungsvoll fächelte der Seminarleiter die Flyer für Jobfit über die geöffnete Handinnenfläche. »So, meine Damen und Herren. So weit zu unserem Schnelltest. Vier von vierzehn Teilnehmern haben auf den ersten Blick das Zeug zur Selbstständigkeit. Na, dann wollen wir ihnen doch mal weiter auf den Zahn fühlen, oder?«

Bescheidenes Nicken bei den Sitzenden. Unsicherheit bei uns.

Der »Wer wird Unternehmermillionär?«-Showmaster lächelte wissend in die Runde und zeigte mit dem Jobfit-Flyer auf ein Mädel Typ Soziologiestudentin mit abgebrochenem Bachelor aus der ersten Reihe. »Wie heißt du und was möchtest du machen?«

»Hi, ich bin Saskia, ich bin dreiundzwanzig Jahre alt und werde einen veganen Brotshop am Jungfernstieg eröffnen.«

Ein Raunen ging durch die Gruppe. Auch ich staunte nicht schlecht. »Hast du das gehört?«, flüsterte Jutta. Ich nickte.

»Am Jungfernstieg. Das ist ja mal eine Adresse. Und was gibt dir die Sicherheit, dass du das auch umsetzen kannst?«

»Mein Vater franchised sämtliche Starbucks hier in Hamburg«, sagte sie selbstsicher und eine Spur zu arrogant. Ich hakte sie ab. Modell »Tochter von«.

Der Seminarleiter nickte und zeigte auf Nummer zwei, einen Mann etwa Mitte dreißig, Anzug, gegelte Haare und Einstecktuch aus Seide. »Ich bin der Ecki«, sagte er, »und ich plane, eine Herrenschneiderei zu eröffnen. Im Moment suche ich nach der richtigen Location.«

»Okay, Ecki, und was macht dich so sicher, dass du das packst?«

»Ich habe bei Neil Barrett in London gelernt und mein Mann unterstützt mich.«

Aha, dachte ich, *reicher Schwuler*. Dann ging es weiter zu meinem Altersgenossen. »Und du … ich kenne deinen Namen noch nicht, was möchtest du tun?«

»Mein Nam ist Ahmed Ekin und ich führen fort Gemüseladen in St. Georg.«

»Du führst fort?«, stutzte das Superhirn. »Das ist ja nicht gerade eine Gründung.«

»Übernehm von Schwager. Geschäft gut. Schwager mit Frau sorug in Heimat. Ich angestellt war.«

Klarer Fall von Geschäftsübernahme, dachte ich. *Das ist ja auch keine Kunst.* Noch während ich überlegte, was ich Saskia, Ecki und Ahmed entgegensetzen konnte, fächelte der

Cowboystiefelmann mir schon frische Luft zu. »Huhu, junge Frau. Und du, was ist dein Grund, dass du hier noch aufrecht stehst?«

Blöde Frage. »Mein Grund ist, dass ich mich selbstständig machen möchte und offenbar bislang alle Kriterien erfüllt habe.«

»Aha.« Es klang wie eine Kampfansage. »Und als was möchtest du dich selbstständig machen?«

»Als Life- und Businesscoach.«

»Du bist also Coach?«

»Neeeiiiin«, sagte ich gedehnt, damit die Dumpfbacke es auch verstand. »Ich möchte mich als Coach selbstständig machen.«

»Du bist also noch keiner?«

»Exakt. Im Moment bin ich die Marketingleitung von Lustig*Media*. Ich heiße übrigens Carola.«

»Und du finanzierst dich wie?«

»Cleverness und hoffentlich Gründungszuschuss«, erwiderte ich knapp. Sollte ich meine Kontoauszüge hier auf den Tisch legen, oder was?

»Ahhh!« Er schien entzückt. »Schaut euch Carola an. Sie hat keine Ahnung, wie sie ihren Plan in die Tat umsetzen soll. Sie hat noch nicht mal einen Plan, wie sie sich das Rüstzeug draufschaffen wird, das sie dringend braucht, um erfolgreich zu werden, aber … aber … meine Damen und Herren: Carola hat eine Vision! Und genau darum wird es heute gehen. Um eure Visionen und wie ihr sie umsetzen könnt! Willkommen zum Existenzgründertag bei Jobfit! Mein Name ist Dr. Stefan Hauschildt und ich leite heute dieses Seminar.«

Ausatmend ließ ich mich endlich wieder auf den Stuhl fallen.

»Das hast du super gemacht!«, raunte Jutta mir zu.

»Was?«, fragte ich erstaunt.

»Na, dich darzustellen. Deine Idee hochzuhalten!«

»Aber ich hab doch gar nichts gesagt«, erwiderte ich verdutzt.

»Doch, mehr als du denkst«, sagte Jutta.

In der ersten Pause konnte ich sie dann auch endlich fragen, was denn ihr Plan sei und warum sie sich bei der dritten Frage gesetzt hatte.

»Ich bin staatlich geprüfte Masseurin und Kranken gymnastin«, sagte Jutta, die übrigens beiläufig erwähnt hatte, dass sie »schon« zweiunddreißig sei, was ich niemals gedacht hätte. Sie wirkte so wahnsinnig agil und jung. Vielleicht lag das auch am Beruf. Aber letztlich wohl eher am Typ. »Ich arbeite in der Praxis einer Bekannten. Seit zwei Jahren redet sie davon, mich zur Teilhaberin zu machen, was ideal wäre. Ich habe ja meinen Kundenstamm schon, aber es wäre eben schön, nicht 9,35 Euro pro Stunde zu verdienen, sondern siebzehn oder achtzehn Euro. Ich würde für die Teilhaberschaft einen Kredit aufnehmen, das ist ja kein Ding, aber Berit, meine ›Chefin‹, kommt einfach nicht in die Pötte. Ich glaube, sie bereut, dass sie mir das angeboten hat, und würde gern einen Rückzieher machen. Klar, kann man ja verstehen. Aber ich will das nun so eben nicht mehr.«

Ich nickte. Klang alles logisch und nachvollziehbar. »Zwingen wirst du sie ja nicht können. Du müsstest dir dann also alles neu aufbauen, richtig? Eigene Praxis, Möbel, womöglich Mitarbeiter …?«

Jutta zuckte mit den Achseln. »Genau … und das ist eine andere Nummer.«

Da konnte ich nur zustimmen. Ich überlegte. »Hast du schon mal geschaut, ob jemand anders eine Teilhaberin sucht? Oder altersbedingt die Praxis aufgeben muss?«

Ich bemerkte, wie Jutta sich aufrichtete und ein feines Leuchten in ihren Augen aufkam. »Nee. Auf die Idee bin ich noch gar nicht gekommen.«

Ich lächelte. »Vielleicht gibt es ja auch nichts. Aber einen Versuch ist es doch wert, oder?«

Jutta reichte mir die Hand zum High Five. Ich schlug ein. »Und ob.«

Den Rest des Tages ließen wir mehr oder weniger über uns ergehen. Es war erfrischend, Stefan bei seinen Ausführungen zuzuhören, aber wirklich viel Neues brachte es mir nicht. Was aber auch ein gutes Gefühl war, denn es zeigte, dass ich doch schon weiter war, als ich heute Morgen gedacht hatte. Und ich hatte Jutta kennengelernt, was mir einen Punkt auf meinem privaten Glückskonto einbrachte. Ich strich die letzte Bemerkung wieder. Jutta war kein Punkt auf einem Konto. Jutta war einfach ein Gewinn. Wir verabredeten uns für die kommende Woche.

22 Das Leben ist wie eine Wanderung – man bekommt nasse Füsse und Blasen, aber am Ende kommt man an

Als ich am Samstag ziemlich kaputt nach Hause kam, ärgerte ich mich darüber, dass ich mir für Sonntag wieder einen Programmpunkt vorgenommen hatte. Ich musste dringend lernen, meinen euphorischen Aktionismus im Zaum zu halten. Kurz überlegte ich, ob ich einfach nicht erscheinen oder absagen sollte, aber Ina hatte ihre Pappenheimer gut im Griff, denn auf Facebook wartete schon eine PN für mich: »Hi Carola, freue mich schon auf morgen. Wir sind zu acht. Treffpunkt U-Bahn Ochsenzoll, 13.15 Uhr.«

Da konnte ich ja wohl nicht mehr Nein sagen.

Der Wetterbericht war leider bescheiden: mittelstarker Wind, mittelhohe Regenwahrscheinlichkeit, Sonnenstunden ohne jeden Zweifel null. Fantastisch!

* * *

Ich entschied mich Sonntag früh also für einen dicken Pulli und einen Regenmantel. Wanderschuhe besaß ich nicht und ich hoffte, dass es meine alten Turnschuhe auch tun würden. Zwar war das Ganze als Moorwanderung deklariert, aber wir würden ja wohl nicht stundenlang durch Sümpfe waten. Das hätte Ina ja hoffentlich geschrieben.

Wie immer sehr pünktlich kam ich an dem verabredeten Treffpunkt an. Außer mir waren bereits fünf Frauen dort, wenn ich das kleine Grüppchen mit Rucksäcken und festen Schuhen richtig als meines deutete, und zwei kamen gerade winkend dazu. Ich näherte mich vorsichtig und wäre am liebsten einfach weitergegangen, denn diese Truppe da war ganz sicher keine, mit der ich einen Tag lang durch die Walachei spazieren und anschließend Grünkohl essen wollte: Frauen Marke Dauerwelle, Montagswitzaufhänger, Feierabendbierchentyp und Dschungelcampgucker … nicht meins, gar nicht meins. Aber Ina schien mich zu erkennen, rief meinen Namen und winkte mich heran. Wir begrüßten uns.

Nachdem wir das geschafft hatten, beschloss ich, einfach den ganzen Tag zu schweigen und die frische Luft zu genießen. Eine Luft allerdings, die schon jetzt von feinem Nieselregen angereichert war. Sofort beschlug meine Brille und ich musste sie etwas nach unten schieben, um drüber wegsehen zu können.

Wir stiegen erst mal in einen Bus Richtung Norden und ich war überrascht, wo man mit den öffentlichen Verkehrsmitteln überall hinkommen konnte: kleine Ortschaften, Wiesen, Felder und Seen – ein hübsches, dünn besiedeltes Umland war das, das ich so noch gar nicht kannte.

»Ich war letztes Jahr schon bei der Vollmondwanderung durch die Heide dabei. Das war auch ganz toll. Du bist ja zum ersten Mal mit von der Partie, oder?«, wollte meine Banknachbarin, die sich als Ursel vorgestellt hatte, von mir wissen.

Ich nickte. Das monotone Rumpeln des Busses machte mich schläfrig und mir war ganz elend bei dem Gedanken an die sechzehn Kilometer Wanderung, die vor mir lagen.

»Ina denkt sich immer tolle Sachen aus. Ich glaube, wir sind alle froh, einfach mal rauszukommen.«

Ich nickte erneut. »Seid ihr alle verheiratet?«, fragte ich zugegebenermaßen etwas plump. Ursel drehte sich zu mir und sah mich aus großen Augen an. »Wie kommst du denn da drauf?«

Das machte mich etwas wacher. »Ich … ich weiß nicht … ich dachte es einfach …«

»Um Himmels willen. Ich glaube, verheiratet ist keine von uns, außer Ina. Ich bin geschieden. Gisela und Ruth auch. Bei den anderen weiß ich es nicht ganz genau, aber einen Partner hat derzeit nur Suse – außer wie gesagt Ina. Aber warum stellst du denn ausgerechnet diese Frage?«

Ich merkte, wie ich etwas rot wurde. »Entschuldige, das war blöd von mir. Vielleicht liegt es daran, dass sich bei mir gerade alles ändert und ich mich manchmal etwas allein fühle. Außerdem hatte ich gerade seit Längerem mal wieder Kontakt zu meinem Ex-Mann. Ich nehme an, ich hätte gern jemanden an meiner Seite.«

»Na, dann willkommen im Klub. Dann ist das hier doch gar kein schlechter Anfang. Einfach mal nicht allein sein. Ich denke, das hat uns hier zusammengeführt. Schön, dass du dabei bist.«

Ursel legte mir kurz die Hand auf die Schulter und von der Sekunde an fand ich die Gruppe plötzlich gar nicht mehr so schlimm. Da lernte ich in diesem Überlandbus der Hamburger Verkehrsbetriebe, dass Vorurteile einsam machen, dass Unsicherheit zu falschen Schlüssen führt und dass ich offenbar eine Sehnsucht hatte, die mich traurig stimmte. Alles keine Erkenntnisse, die mich in die Hände klatschen ließen vor Freude, aber immerhin etwas, womit man arbeiten konnte.

Aufgrund meiner ein wenig gedrückten Stimmung war ich ganz froh, dass ich auf den ersten Kilometern einfach so vor mich hin stapfen konnte, dass Ina genau wusste, wo es langging, und ich ihr blind folgen konnte, dass mich der Wind durchpustete und ich Schritt für Schritt einem Ziel entgegenmarschierte, das noch unbekannt und fremd vor mir lag.

Ein Teilstück führte uns über einen lehmigen Acker, in dem ich blöderweise mit meinem Turnschuh stecken blieb, sodass ich danach einen sehr nassen Fuß und einen sehr dreckigen Schuh hatte. Ruth lieh mir ein Paar Ersatzsocken, die sie selbst gestrickt hatte. Das fand ich süß.

Ich hingegen konnte meine Brezeln mit Suse und Maja teilen, die nur Wasser dabeihatten. »Ich hatte zwei Brötchen geschmiert, aber die waren schon auf dem Weg zur U-Bahn verputzt«, lachte Suse gut gelaunt. Sie hatte ungefähr meine Größe, war aber etwa doppelt so breit, was ihr absolut nichts auszumachen schien. Auch wieder interessant, wie relativ doch alles war.

Zum Glück hatte der Nieselregen etwas nachgelassen, und auch wenn man nicht gerade von Sonnenschein sprechen konnte, so wurde es doch zeitweilig zumindest etwas heller. Das hatte etwas Beruhigendes. Und ich war froh, dass niemand auf die Idee kam, Wanderlieder anzustimmen. Das hätte mir echt noch gefehlt. Wobei Singen ja auch zusammenschweißt. Gemeinsam bei einer Wanderung »Hoch auf dem gelben Wagen« zu trällern hätte doch was von einer schönen Heimeligkeit.

So stapften wir also durch die einsetzende Dämmerung, mal schweigend, mal kreuz und quer – je nachdem, wer gerade so neben einem ging – miteinander plaudernd. Es ging um nichts Großartiges, mehr so um Themen wie: kochte man gern oder nicht (ich ja nicht, was auch ein Grund für die Wanderung war – es gab nachher Essen!), wenn ja, ob mit oder ohne Fleisch (alle mit, sonst wären sie hier heute ja wohl auch kolossal falsch), nur bio oder auch vom Discounter, was man sonst für Hobbys hatte und ob man lieber früher mit der Arbeit anfing oder später, ob die Kinder studierten und ob man überhaupt welche hatte.

Aber genau diese Art von Unverbindlichkeit tat mir gut. Ich musste ja nicht dauernd und mit jedem über Existenzängste und ein nicht vorhandenes Liebesleben philosophieren. Das riss die Wunden ja ständig eher weiter auf. Insofern gefiel mir dieses Trüppchen inzwischen, und jetzt, da mein Magen schon mächtig knurrte, hatte ich auch nichts dagegen, mit den sieben Frauen an einem Tisch zu sitzen und gemeinsam Grünkohl zu essen.

Und genauso war es dann auch: Durchgefroren kamen wir in dem gemütlichen Gasthof mit Kamin, freigelegten Holzbalken, Trockenblumen und alten Familienfotos in schwarzen, verschnörkelten Holzrahmen an, freuten uns über die dampfenden Schüsseln mit Grünkohl, die krossen Bratkartoffeln mit Zwiebeln, Kassler satt und saftig, fettige und würzige Wurst – wie es sein sollte. Wir lachten über Montagswitze und stumpfsinnige Fernsehsendungen, über unser Alter und darüber, dass der Lack ab war und man endlich ungeniert darüber sprechen konnte.

Es war unaufregend, aber schön. Leicht irgendwie. Und als wir dann noch mal zwei Kilometer durch die Finsternis bis zur nächsten Bushaltestelle latschen mussten – Suse: »Guck mal, der Mond, wie tief der hängt!« Rosi: »Das ist ein Kran, du Pappnase, wohl doch ein Helbing zu viel, was?« Ursel: »Der Mond, ich lach mich kaputt!« Ina: »Jetzt ist aber gut, Mädels, lieb sein!« –, hätte dieser Tag eigentlich nicht besser sein können. Ich tauschte mit Ursel Telefonnummern aus und auch mit Ruth, der ich ja die Socken zurückgeben musste, wenn ich sie gewaschen und dabei hoffentlich nicht verfilzt hatte. Neu stricken war ja wohl keine Option. Obwohl, laut Gwendy beruhigte das ja ungemein. Egal, mich nicht, zur Not müsste ich Gwendy bitten, aber das würde schon nicht passieren.

Wieder dachte ich an all die Punkte auf meiner Liste und wunderte mich, wie organisch sich doch eigentlich alles zu fügen schien.

Heute war ein sehr guter Tag für meine Work-Life-Balance gewesen. Ich hatte ein paar normale, lustige Frauen kennengelernt, bei denen es nicht um Job oder Geld ging, sondern einfach um das Sein. Ich hatte Spaß gehabt und mich dabei auch körperlich betätigt. Meine Schrittzähl-App würde Pirouetten drehen, wenn sie das könnte.

Gestern hatte ich Jutta kennengelernt, und zwar bei einer beruflichen Fortbildung, bei der ich gemerkt hatte, dass ich die Orientierung, die man mir dort zu geben versprach, gar nicht mehr brauchte, weil ich sie schon hatte.

Ich sah mich also auf meinem Weg ins neue Leben auf dem durchaus rechten Kurs. Und mit Jutta konnte ich mich künftig austauschen, wenn es mal hakte, wenn ich den nächsten Schritt vielleicht grad nicht richtig sah. Eine Bürogemeinschaft konnten Jutta und ich leider nicht anpeilen, da Jutta ja eine Praxis, ich hingegen eher ein Büro brauchte – oder zumindest eine Praxis ohne Massageliege und Skelett. Das weckte sicher falsche Assoziationen. Jutta war demnach also so ein Halb-halb-Kontakt, halb beruflich, halb privat. Aber eben auch ein neuer Mensch in meinem Leben, nach noch nicht mal vier Wochen. Erstaunlich, was man so alles vollbringen konnte, wenn man sich endlich mal die Zeit dafür nahm.

Tatsächlich merkte ich, wie sich neben dieser Freude auch so etwas wie ein schlechtes Gewissen einstellte. Und zwar

Gwendy gegenüber. Und das war ein ganz neues Gefühl, das ich sofort klären musste.

Sie ging beim dritten Klingeln ran und ich sprudelte sofort los. »Sag mal, Gwendy, was denkst du eigentlich über Freundschaft?« Irgendwas dröhnte im Hintergrund.

»Warte mal, ich mach mal die Musik leiser …« Ich hörte eine Weile nur das Dröhnen, dann nichts mehr. Offenbar war sie ausnahmsweise mal allein zu Hause. Obwohl, wer wusste das schon? »Was hast du gesagt?«

»Wie du Freundschaft definierst, wollte ich wissen. Ich meine, unsere Freundschaft zum Beispiel ist ja sehr einzigartig, aber sie ist doch nicht einzig, wenn du verstehst, was ich meine?« Ich merkte selbst, wie ich um den heißen Brei herumredete.

»Was meinst du mit einzig? Ob du meine einzige Freundin bist? Also, wenn ich es mir recht überlege, eigentlich schon. Ich bin nicht so ein Frauenfreundschaftstyp. Irgendwie sind die immer alle neidisch, eifersüchtig, vergleichen ständig … nicht so mein Ding!«

Ein bisschen war ich erleichtert, aber auch nur ein bisschen, denn immerhin unterstellte ich ihr gerade, dass sie all das sein könnte, weil ich es vermutlich wäre.

»Du fändest es also nicht schlimm, wenn ich plötzlich auch etwas mit anderen Frauen unternehmen würde?«

»Was soll ich denn daran schlimm finden? Das versuchst du doch die ganze Zeit schon. Ist doch schön, wenn es dich zufrieden macht. Mir wäre das zu langweilig, mit irgendwelchen fremden Frauen durch die Heide zu spazieren, aber jeder, wie er will.«

Das fand ich jetzt allerdings auch wieder ein bisschen zu laissez faire. »Na hör mal, ist dir etwa egal, was ich tue und mit wem?«

»Carola, wir sind nicht verheiratet, was auch gut so ist, also was willst du mir eigentlich sagen?«

Da war er schon wieder, dieser strenge Ton. »Ich habe mich gefragt, ob ich ein schlechtes Gewissen haben sollte, weil ich vielleicht bald auch neue Freundinnen habe …« So, jetzt war es raus.

»Wem gegenüber?«

»Was?«

»Das schlechte Gewissen!«

»Na, dir!«, rief ich.

»Schätzchen, wir sind hier auf dieser Welt, weil wir unsere Bestimmung suchen, unser Karma abarbeiten und uns zu freien Individuen entwickeln sollen. Am Ende sind wir sowieso allein. Dass du und ich schon so einen langen Weg gemeinsam gehen oder uns begleiten, ist totaler Zufall. Wir sind doch nicht dafür da, unser Leben für einen anderen zu leben. Nee, nee, meine Süße, so funktioniert das nicht.«

Ich merkte, wie ich mich bei diesen Worten ein wenig ungeliebt fühlte, aber das schlechte Gewissen brauchte ich wohl wirklich nicht zu haben.

»Aber sag mal, bedeuten dir unsere Gespräche und unsere gemeinsamen Erfahrungen denn nichts?« Nun machte ich das Fass gleich auch noch auf. Ich fände sonst sowieso keine Ruhe.

»Du bist schwermütig!«, meinte Gwendy. »Natürlich bedeuten sie mir etwas, aber trotzdem verpflichten sie uns zu nichts. Das wäre ja furchtbar. Wie unfrei und klein würde man sich denn dann machen!«

Ich versuchte, diesen Gedanken nachzuvollziehen, und je weiter ich von meiner Eitelkeit und meinem Besitzanspruch wegkam, desto richtiger hörte er sich an. Es stimmte, Teilen war das eine, es zu erwarten oder einzufordern, etwas ganz anderes.

»Da hast du recht«, sagte ich also nach einer kurzen Pause. »Ich glaube, ich mach mir jetzt auch Musik an. Was hörst du da eigentlich?«

»Keine Ahnung«, sagte sie. »Antoine meinte, er bräuchte was Hartes.«

Beruhigt legte ich auf und beschloss, heute weiter gar nichts zu machen und mich nur noch gedanklich auf morgen, den Montag, vorzubereiten. Zehn Uhr Treffen mit Peter und Heiko bei movedmotion. Ich als Interimsmanagerin. Zu diesem Anlass passte nichts besser als ein hübsches neues Tunikakleid. Irgendwas Hippiemäßiges, was zu einer Frau über fünfzig trotzdem gut passte. Schade, dass ich vorher nicht mehr shoppen gehen konnte. Aber ausgiebig meditieren konnte ich. Am besten gleich anderthalb Stunden, um die ganzen Minuten aufzuholen, zu denen ich in dieser Woche einfach nicht gekommen war. Warum musste man bloß erst dreiundfünfzig werden, um einen Stress zu haben, der so viel Spaß machte? Warum hatte ich bloß zwanzig Jahre lang auf all diese wunderbaren Begegnungen und Momente verzichtet? Was hätte ich für ein buntes, abenteuerliches und glückliches Leben führen können, wenn ich nicht so derart lange in diesem Vakuum festgesteckt hätte?

Ich seufzte und griff nach einem Aphorismenband.

Am Ärger festhalten ist, als würdest du ein Stück glühende Kohle festhalten, um es … Nee, zu kompliziert, zu destruktiv …

Wir müssen einem Leben Lebewohl sagen, bevor wir in ein anderes eintreten können. Bin ich schon tot, oder was?

Dann aber, auf Seite 134, hatte ich endlich mein Zitat gefunden. Es war von Charlie Chaplin, was es mir erst recht sympathisch machte, und es vereinte so schön die Themen Alter und Neuanfang:

Die Jugend wäre eine schönere Zeit, wenn sie erst später im Leben käme!

Oh, wie wahr – ein Lächeln stahl sich auf mein Gesicht. Denn nicht nur war die Jugend eine ganz gruselige Zeit, weil sie eben zu früh kam und man mit den richtigen Energien die falschen Sachen machte. Nein, ich hatte soeben das Gefühl, dass ich – quasi ganz, wie Chaplin sich das wünschte – die wahre Jugend durchlebte: Ich war älter und reifer an all den Erfahrungen, die das Ressourcenmanagement weiser werden ließen, und gleichzeitig war ich doch so in Aufbruchsstimmung und mutig und offen, wie man es eigentlich der Jugend zuschrieb. Ich erlebte also gerade das Beste aus beiden Welten: die reife Jugend.

Ich war so glücklich, denn plötzlich und zum ersten Mal hatte es nur Vorteile, im Alter das zu tun, was ich gerade tat: neu anfangen mit Patina!

So ging ich ins Bett. Und ich musste auch keine anderthalb Stunden mehr meditieren. Das wäre verschwendete Jugendzeit! Hoffentlich kamen bald meine Ausbildungsunterlagen. Ich wollte endlich damit anfangen!

23 Das erste Meeting

Ich zog eine bunte lange Bluse an (ist ja nicht so, dass es ohne Shopping nicht geht, weil man so was nicht schon im Schrank hätte), dazu eine schwarze Hose mit Stiefeletten. Das fand ich perfekt für meinen neu erkannten Status als jugendlich reife Frau.

Da es trocken und sogar etwas sonnig war, gönnte ich mir noch einen Espresso in einem nahe gelegenen Kiosk – einen Coffeeshop suchte man hier weit und breit vergeblich –, um pünktlich um 9.59 Uhr bei movedmotion zu klingeln. Unnötig zu sagen, dass wir es zwar nicht mit Elbblick, aber dafür mit teuerster Fast-Alsterblick-Lage zu tun hatten. Das in offenbar echten Finanzschwierigkeiten steckende Unternehmen gönnte sich also eine Location, die viel Status und höchste Mieten versprach, für ihre Zwecke aber null Nutzen bot.

Um die Villa herum gab es weder Laufkundschaft noch Firmen – warum also diese Adresse mit drei Meter fünfzig hohen Decken (Heizkosten?), angenehm knarzendem Stäbchenparkett (nervte irgendwann auch, nicht umsonst hatten Büroräume sonst Teppichböden) und optisch zwar ansprechenden riesigen Designerschreibtischen, die jedoch eine miserable Flächenrendite versprachen, weil ja doch maximal ein Mensch daran arbeitete. Hier hätte es eine einfache Adresse und simplere Ausstattung auch getan. Nun gut. Wir würden sehen.

Eine junge Frau, die sich mit »Hallo, ich bin Hannah« vorstellte und den jungen Frauen bei Lustig*Media* nicht unähnlich war, aber doch mehr Haltung und Charisma verstrahlte, führte mich drei Treppenstufen hoch in den hinteren Teil des Erdgeschosses in einen Konferenzraum, an den sich ein Garten anschloss, der durch große Flügeltüren erreicht werden konnte.

Ich ließ mich auf einen der Stühle Marke minimalistisch, teuer und trotzdem bequem an der großen Holzplatte nieder, die als Tisch fungierte, und sah mich um: geschmackvolle Bilder in Grau, Grün und Weiß, halbhohe Lackregale in Weiß, eine große silberne Vase, leer. Wasserkaraffen mit Minze und Ingwer auf dem Tisch, ein silbernes Tablett.

Auch der Lederstuhl knarzte ein wenig. Und er roch so gut. Nach Leder eben.

Ich verstand schon, warum man sich hier wohlfühlte und meinte, Teil von etwas Großem zu sein. Nur müsste man es dann auch endlich werden. *Also*, dachte ich, während mir die Ja-Nein-Pappen wieder in den Sinn kamen: *entweder – oder.*

Entweder ganz schnell in den Mantel reinwachsen, der grad ganz offensichtlich noch eine Nummer zu groß war. Oder aber Zelte abbrechen, dritte Reihe City Nord mit IKEA von vorn anfangen und Schreibtische teilen.

Meine Gedanken wurden unterbrochen, als Heiko und ein Mann mit dunklen braunen Augen, um die sich schon ein paar Lachfalten gebildet hatten, den Raum betraten … Ach du meine Güte, war es jetzt doch schneller gegangen und das war schon der Insolvenzverwalter? Mit dem würde ich mich aber nicht auseinandersetzen können. Das war dann doch eine andere Liga.

Die beiden legten die mitgebrachten Mappen und Ordner ab und Heiko kam mit ausgestreckter Hand lächelnd auf mich zu. »Hi Carola, schön, dass du da bist!«

Etwas verunsichert gab ich ihm die Hand. »Hallo, Heiko, ja, finde ich auch.« Dem älteren Herrn reichte ich zur Begrüßung ebenfalls die Hand. *Bringen wir es hinter uns*, dachte ich. *Wenn das hier doch nichts wird, muss ich eben etwas länger mit dem Arbeitslosengeld kalkulieren.* »Carola Lustig, angenehm. Und Sie sind?«

Konnten Augen lachen? Diese schon. »Peter«, sagte er freundlich. »Wir waren schon beim Du.«

Ungefragt musste ich mich setzen. Das war Peter? Der Finanzfuzzi mit der reifen Stimme? Holla, die Waldfee! »Ach so, ja, natürlich, klar.«

»Was hat dein 24-Stunden-EKG ergeben?«

»Mein was?«

»Bist du krank?«, hakte Heiko ein.

»Na, dein EKG, das immer so kitzelt?«

Ich zog die Stirn in Falten, bis es mir wieder einfiel. »Ach das. Ja, das war vielleicht ein Ding. Ist aber alles gut, haha.«

»Wunderbar. Wollen wir anfangen?«

Ich atmete einmal tief durch und war jetzt wieder in der Spur. Das Mädchen vom Empfang brachte Kaffee, Tee und Kekse. Die Kekse, die es immer in Büros gab, die mit den Mürbeteigröllchen mit Schokoüberzug. Wenigstens hier hatte man auf Design verzichtet, wahrscheinlich, weil es eben nie Kundschaft gab, der man es anbieten konnte.

Konzentriert lehnte ich mich zurück. »Die Ausgangssituation ist also folgende: Ihr habt unendlich viele Anfragen und auch bestätigte Aufträge, aber euch steht das Wasser bis zum Hals. Kann man das verkürzt so sagen?«

Heiko räusperte sich. »Sehr verkürzt.«

Ich nickte. »Sag noch mal, Heiko, welche Produkte genau bietet ihr an?«

Ich merkte, wie Heiko sich aufrichtete und Anlauf nahm. Man spürte förmlich, wie er in den Modus Verkaufsgespräch schaltete.

Deswegen wohl ergriff Peter als Erster das Wort. »Wenn ich kurz übernehmen darf?« War das ein Schmollen auf Heikos Lippen? »movedmotion hat mit Werbefilmen angefangen. Für ziemlich anspruchsvolle Kunden und qualitativ hochwertig. Der USP war: Wir erzählen eine Story – egal ob es sich um einen neuen Allwetterreifen oder ein neues Hundefutter handelt –, der Film selbst sollte unterhalten und einen Wert an sich haben. Das beworbene Produkt war gewissermaßen das Beiwerk. Das hat auch ein paar Jahre ganz gut funktioniert. Sie haben ganz schöne Auszeichnungen erhalten.« Er zeigte auf die Wand hinter sich. Jetzt las ich auch den Text zu diesen Rohrschachbildern: *Deutscher Werbepreis*. Wow! Ich hatte gedacht, das wäre Psychokunst. »Dann sind zwei Dinge passiert: Viele Kunden wollten eine Rundumbetreuung, alles inklusive Webauftritt, Werbematerial, Außenkommunikation. So holte movedmotion sich Marketing und PR mit rein, ohne dafür wirklich aufgestellt zu sein.«

»Na ja, also ...«, versuchte Heiko sich einzumischen, aber Peter hob nur kurz die Hand. Souverän und entschlossen. Soso.

»Und die Leute rannten ihnen wirklich die Bude ein. Heiko war begeistert, viel unterwegs und merkte gar nicht, dass er all die Aufträge, die er vorn akquirierte, hinten nicht abarbeiten konnte.«

»Na ja, also ...«

»Gleich«, meinte Peter an Heiko gewandt. Ich erkannte auch in ihm die reife Jugendlichkeit. Wie er das machte mit Heiko. Toll! »Und damit, etwa vor zehn Monaten, fing die Misere eigentlich an. Um einem Kunden irgendwie gerecht zu werden, wurde Flickschusterei betrieben, zur Unterstützung wurden Externe zu teuer eingekauft, die dann auf halber Strecke wieder absprangen, was natürlich den Kunden irritierte und ärgerte, woraufhin er movedmotion in Regress nahm. Das war dann der Anfang der Abwärtsspirale. Und da stehen wir jetzt und müssen relativ flott zwei Dinge leisten: Wir müssen uns selbst einen reibungslosen Workflow geben, der beim ersten Kundengespräch beginnt und dann weitergeht über das Angebot inklusive Ressourcenplan bis hin zur Abwicklung aller Schritte. Zweitens: Wir müssen unser Portfolio bereinigen und uns auf unsere Kernkompetenz besinnen. Was genau will movedmotion künftig anbieten?«

Ich merkte schon, dass Peter und ich definitiv dieselbe Sprache sprachen. Alles, was er sagte, klang absolut vernünftig. Blieb mir nur die alles entscheidende Frage: »Ich bin ganz bei dir, Peter. Aber wofür genau braucht ihr dann mich?«

Ein Lächeln erstrahlte in seinem Gesicht. Heiko schaute währenddessen einfach nur von einem zum anderen, als würden wir Pingpong spielen. »Darf ich dir stattdessen eine Gegenfrage stellen?«

»Sicher.« Schönes Spiel, herrliches Spiel.

»Was würdest du jetzt als Nächstes tun?«

Ich überlegte kurz. »Ich würde euch nach einem Projekt fragen, mit dem bereits begonnen wurde und das noch zu retten ist, und dann würde ich den Projektplan dazu sehen wollen.«

»Genau«, sagte Peter mit einem Hauch von Triumph in der Stimme. »Heiko, jetzt bist du dran!«

»Ganz ehrlich, etwas weniger entlarvend reicht auch«, sagte Heiko an Peter gewandt. Und dann zu mir: »Wir haben keine Projektpläne …«

Ich sah abwechselnd von Heiko zu Peter und dann wieder zu Heiko. Ich konnte jetzt in Fassungslosigkeit verfallen oder direkt zum nächsten Schritt gehen. Ich entschied mich für Letzteres. »Okay, verstehe. Über welches Projekt ohne Projektplan, das aber noch zu retten ist, können wir reden? Wer ist der Kunde?«

Heiko und Peter sahen sich an. »Das Literaturfestival in Baden-Baden?«

Peter nagte an seiner Unterlippe – *süß!* – und schüttelte den Kopf. »Was hältst du vom Auktionshaus in München?«

Heiko strahlte und zeigte mit dem Finger auf Peter. »Perfekt.«

»Also gut. Auktionshaus in München. Was genau wollen die?«

»Alles – Imagekampagne inklusive Film. Webauftritt, Unternehmenskommunikation und Veranstaltungs-PR!«

Ich nickte. »Was könnt ihr gar nicht?«

»Wir können …«

Wieder unterbrach Peter Heiko. »Ganz ehrlich, Heiko …«

»Also gut: Veranstaltungs-PR ist nicht so unser Ding. Der Rest wäre okay.«

Wieder nickte ich.

»Holt mal die Anna rein, bitte.«

»Wen?«

»Anna, das nette Mädel von vorn.«

»Du meinst Hannah. Aber die ist am Empfang!«

»Jetzt nicht mehr. Ihr bekommt doch sowieso keinen Besuch.«

Drei Stunden ackerten wir. Peter zog irgendwann seine Weste aus und krempelte die Ärmel seines Hemdes hoch (ich liebe weiße Hemden bei Männern), Heiko zog sich die Schuhe aus (na ja), ich die Tunika, unter der ich noch ein Shirt trug. Nur Hannah hatte nichts zum Ausziehen und musste schwitzen. Der Preis der unreifen Jugend: schicke Klamotten, aber unflexibel, wenn es darauf ankommt.

Danach hatten wir so etwas wie einen groben Fahrplan stehen. Ich war der Kontakter und die neue Ansprechpartnerin für das Preuss Auktionshaus seit 1896. Heiko wollten wir lieber mal aus der Schusslinie nehmen, weil er definitiv zu viel auf der Verkaufstonspur unterwegs war und schlecht Nein sagen konnte. Dafür sollte er die Regie des Filmes übernehmen und das Kreativteam leiten. Den Webauftritt konnte Robert machen – er war Webdesigner bei movedmotion und schon seit vier Jahren dabei. Bei der Unternehmenskommunikation (UK) blieb erst mal ein Fragezeichen.

Peter musste nun einen Etat aufsetzen, damit wir dem Kunden ein Angebot machen konnten. Das Modul UK setzten wir relativ hoch an, damit wir uns hier gegebenenfalls jemand von draußen reinholen konnten – Hannah würde Angebote einholen. Das grobe Konzept konnte ich machen. Et voilà, das war's fürs Erste.

Stolz und erschöpft hingen wir in den Designstühlen ab. Das erste Bier kam auf den Tisch und wir beschlossen, zum Chinesen essen zu gehen. Ohne Hannah. Die wollte zu ihrem Freund. Da es aber fußläufig keinen Chinesen gab, beschlossen wir zu bestellen.

Als das Essen da war, lasen wir uns gegenseitig die Botschaften aus den Glückskeksen vor.

Heiko: 您將永遠遇到喜歡您的人

Du wirst immer wieder Menschen treffen, die dich mögen. Darauf nahmen wir beide Heiko herzlich in den Arm!

Peter: 你有一個秘密仰慕者

Du hast einen heimlichen Bewunderer. Ich wurde knallrot.

Ich: 您必須讓奇蹟發生，讓他們發生

Du musst Wunder geschehen lassen, damit sie passieren. Da wurde ich wieder rot.

Als wir satt waren, brachte ich das Thema auf die Bürosituation. »Sag mal, Heiko, was ist das eigentlich hier mit dieser Etage?«

»Cool, oder?«

»Ja, sehr. So cool, dass es noch nicht mal ein einfaches Restaurant um die Ecke gibt und wir jede Menge Plastikmüll verursachen, nur weil wir Hunger haben. Sehr cool.«

»Oh Mann, heute hackt ihr echt alle auf mir rum. Was soll die Frage?«

Ich versuchte, möglichst streng auszusehen. »Peter?«

»2 750 Euro netto kalt. Hundertzwanzig Quadratmeter, vier Festangestellte.«

»Danke.« Ich wandte mich an Heiko, der sein Glückskekspapier zwischen den Fingern rollte. »Muss das echt sein, Heiko? So eine Adresse? Jeden Monat diese Miete?«

Heiko seufzte. »Ich denke, wir könnten sie vielleicht auf tausendachthundert runterschrauben.«

Peter und ich sahen Heiko groß an. »Ja, sicher«, meinte Peter dann. »Dein Vermieter wird entzückt sein. Ich höre ihn schon: ›Oh, toll, Herr Schmehling, dann spare ich endlich Steuern auf die Mieteinnahmen. Gern. Ab wann möchten Sie?‹«

»Das Haus gehört zum Bestand der Firma meines Vaters«, druckste Heiko schließlich kleinlaut.

»Moment – das Haus gehört deinem Vater?«

»Hm … der Firma meines Vaters.«

Peters Augen wurden zu schmalen Schlitzen. »Und wieso, lieber Heiko, meinst du, dass er so ohne Weiteres auf einen Teil der Einnahmen verzichtet?«

Auweia … Dachte Peter dasselbe wie ich? Erstaunlich, wie passend der Spruch aus Heikos Glückskeks wirklich war, denn gerade drohten sich zwei Freunde vielleicht zu verabschieden.

»Er verbucht nur tausendfünfhundert Euro als Miete.«

Yep. Hier war Gefahr im Verzug. »Und die restlichen 1 250 Euro«, vollendete Peter mit sehr, sehr ruhiger und sehr, sehr dunkler Stimme den Satz, »sind ein bisschen Taschengeld für den Sohnemann, was?«

Wäre Heiko ein Hund, hätte er jetzt Männchen gemacht, die Ohren angelegt und gewinselt. »Nun komm schon, es ist immer noch meine Firma.«

»Mo-ment!!«, donnerte Peter jetzt los. »Dein Vater, dessen guter Bekannter ich bin, hat mich reingeholt, weil du den Laden ohne Not völlig in die Scheiße geritten hast. Wir versuchen hier, das alles halbwegs sauber wieder flottzumachen und dabei auch, nur mal so, vier Arbeitsplätze zu erhalten, und du streichst heimlich immer noch eine Bonuszahlung ein, nur damit du weiter mit deinem Scheiß-Range-Rover durch eine Stadt gurken kannst, die ein wunderbares Netz an öffentlichen Verkehrsmitteln, dafür aber wenig Offroadwege hat? Sag mal, hast du eigentlich noch alle Latten am Zaun?«

Peter hatte sich so richtig schön in Rage geredet. Und ich konnte es auch verstehen. Ich selbst hätte mit einem monatlichen Gehalt von 1 250 Euro fast ausgesorgt gehabt. Na gut, jetzt bekam ich vierhundert Euro am Tag …

»Ganz ehrlich: Ab sofort verringert sich die Miete auf tausendfünfhundert Euro. Und ich überlasse es dir, das deinem Vater zu beichten. Und du, du zahlst innerhalb der nächsten sechs Monate zehntausend Euro zurück. Wie du das machst, ist mir egal, aber du machst das. Kommt sofort mit in den Etat.« Peter funkelte Heiko zornig an. »Haben wir uns verstanden?«

Der nickte bloß.

Herrje, wenn ich geahnt hätte, was ich da losgetreten hatte. Andererseits: Auf diese Weise musste movedmotion nicht umziehen. Für tausendfünfhundert Euro bekam man auch in Billstedt keine hundertzwanzig Quadratmeter.

Nach diesem kleinen Eklat war die Luft ein bisschen raus und Peter und ich beschlossen zu gehen.

»In welche Richtung musst du?«, fragte er mich draußen vor der Tür. Es war ein herrlicher Abend. Die Luft war mild und so langsam roch es nach Frühling. »Vielleicht kann ich dich ein Stück mitnehmen?«

»In deinem Range Rover?«, fragte ich.

»In meinem Seat«, gab er lachend zurück.

Ich überlegte einen Moment. Sehr gern hätte ich noch weitere zehn Minuten mit Peter verbracht. Er auf dem Fahrersitz und ich auf dem Beifahrersitz. Von draußen hätte das ganz normal ausgesehen. Er und sie …

Ich schüttelte den Kopf. Vielleicht über meine dumme Fantasie, aber damit war die Antwort auch schon gegeben. »Ich hab's nicht weit und mir wird ein kleiner Marsch guttun. War ein langer Tag.«

Peter nickte. »Aber auch ein guter. Ich freue mich, dass du mit an Bord bist, Carola. Das wird.«

Ich schüttelte, nickte, kreiste und wippte mit meinem Kopf, machte so ziemlich alles, was man damit machen konnte, weil ich partout nicht wusste, wie ich auf diesen netten Satz reagieren sollte. Wie lange war es her, dass jemand etwas derart Freundliches über mich und meine beruflichen Kompetenzen gesagt hatte? Und wie lange war es her, dass so ein Kompliment von einem attraktiven Mann in meinem Alter kam?

»Ja, ich freue mich auch«, brachte ich schließlich heraus. »Danke, Peter.«

»Wenn du Lust hast, können wir ja mal ein Bier trinken gehen. Heute kann ich leider nicht.«

Wenn? Ich? Lust? Habe? Wo lag hier der Fehler? Natürlich hatte ich Lust!

»Ja, klar, können wir machen. Tschüss, Peter.«

»Tschüss, Caro.«

Und damit schwebte ich nach Hause.

Und auch auf die Gefahr hin, den nächsten Ereignissen vorzugreifen, kann ich jedem, der sich auf den Weg zu etwas ganz Neuem macht, und das ist ausnahmsweise mal altersunabhängig, nur dringend eines raten: Genießt jedes Hochgefühl in vollen Zügen! Schreibt auf, wie ihr euch gefühlt habt. Klebt Zettel in die Wohnung, damit ihr euch immer daran erinnert, denn eins ist so sicher wie das Amen in der Kirche: Es geht auch wieder bergab. Das Leben verläuft in Wellen und ist ein stetiges Auf und Ab. Aber es ist an euch, das Auf gut zu nutzen, damit ihr das Ab bestmöglich abfedern könnt.

Doch dazu später. Jetzt musste ich erst mal ein bisschen meine Unterlagen für die Ausbildung anschauen! Die waren nämlich gekommen.

24 Obdachlos

Die nächsten Tage und Wochen vergingen in fröhlicher Gleichförmigkeit. Ich hatte die ersten drei Lerneinheiten meiner Ausbildung erfolgreich abgeschlossen und widmete mich in Unit 4 gerade dem Thema Weltreligionen. Kristina hatte mit mir diverse Logoentwürfe diskutiert und sich nun für einen entschieden, und zwar zwei geschwungene Schreibschrift-F, etwa so: ***FF***.

Und das kam so: Der Slogan, den wir entwickelt hatten, war ja nun weder der Knaller noch drängte sich sofort ein Bild auf: Feier oder Fest – Kristina macht den Rest.

Das fand wohl auch die Werbeagentur, die Kristina ausgesucht hatte und die ich auch okay fand, und hatte versucht, mit den beiden »F« zu spielen. Da die allein aber so leer im Raum hingen, machten sie einfach »eff eff« daraus.

Jetzt hieß Kristinas Unternehmen also:

eff eff Partyservice **– Feier oder Fest – Kristina macht den Rest.**

Und so in der Gesamtschau fand ich das auch ganz passend. Jetzt bastelten wir noch etwas an den Texten und dann wollte Kristina auch schon die Flyer drucken lassen. Ihre Vision: im Mai den ersten Auftrag. Ich fand das realistisch.

Sybille hatte ich ebenfalls drei weitere Stunden gecoacht und inzwischen hatte sie sich tatsächlich einen Hund angeschafft, der aus einer rumänischen Rescue-Station stammte, sie bot in Kindergärten Cake-Pops-Kurse an und las an Grundschulen nachmittags Bücher vor. Ich hatte mir ja schon fast so was gedacht: Sybille und ihr Mann konnten keine Kinder bekommen und darunter litt sie wohl schon lange. Weshalb sie nun auch eine Therapie begonnen hatte.

Aber mein Hauptaugenmerk galt natürlich movedmotion und die Arbeit machte mir wahnsinnig viel Freude. Es war total schön zu sehen, wie hier alle an einem Strang zogen, selbst Heiko hatte sich etwas gefangen und den Ernst der Lage erkannt. Dreitausendfünfhundert Euro hatte er schon zurückgezahlt und sein Vater war gar nicht so sauer gewesen. Das Auktionshaus war für mich ein guter erster Kunde, denn die Leute waren streng und konservativ, hatten aber Geld und waren verbindlich. Das klappte. Den Baustein Unternehmenskommunikation hatten sie erst mal nicht gebucht. Auch Hannah machte einen prima Job und blühte richtig auf.

Na ja, und die Zusammenarbeit mit Peter … was sollte ich sagen? Stundenlang konnte ich ihm zuhören, obwohl er selten so viel auf einmal erzählte. Aber ich saß einfach da, Kopf auf der Hand abgestützt, und wollte nicht aufhören, ihn anzustarren. Das fiel zuweilen schon unangenehm auf, glaubte ich. Zum Bier hatte er mich noch nicht eingeladen, leider.

Nikolas hatte ich immer noch nicht zurückgerufen. Irgendwie war mir der Spaß an diesen Spielchen vergangen.

Man konnte also sagen: Es lief, und das jetzt schon seit gut sechs Wochen. Der Wonnemonat Mai hatte begonnen, ich bekam immer noch mein Gehalt und verdiente schon kräftig dazu.

Doch dann passierte Folgendes: Ich kam gerade von der Arbeit bei movedmotion und freute mich eigentlich auf mein

Mittwochstelefonat mit Pia. Sie hatte auf der Koalastation tatsächlich verlängert und dort offenbar ein Techtelmechtel mit einem Landarzt angefangen. Es ging ihr gut und ich freute mich für sie.

Ich kam also nach Hause und … Herrje, wenn ich daran denke, wird mir auch jetzt noch ganz schlecht. In so üble Gefühle reinzugehen ist wirklich unangenehm. Man sollte es auch nicht zu oft tun, denn der Körper erinnert sich und man schleppt das dann unnötig lange mit sich rum.

Ich hatte gerade meine Tasche abgeworfen, als mein Handy klingelte. Andreas. Nanu. Seit der Sache mit der Coaching-Finanzierung hatte ich nicht mehr mit ihm gesprochen. Die Rechnung hatte er aber wohl anstandslos bezahlt, denn ich bekam ja weiterhin Unterlagen. Den Puffer hatte ich noch nicht erwähnt. Irgendwie war es mir doch peinlich. Insofern war ich überrascht. Es war ja wohl hoffentlich nichts passiert. Etwas Ernstes, meine ich. Etwas mit Tod und Krankheit.

Nun. Das alles war es nicht, aber ernst war es trotzdem.

»Na«, sagte ich nur. »Was gibt's?«

»Hi Carola. Wie geht's?« Er klang ein wenig gehetzt.

»Gut«, sagte ich vorsichtig. »Wieso?«

»Carola, versprich mir, dass du dich nicht gleich wieder aufregst, okay?«

Oh, oh … »Wie soll ich dir das versprechen, wenn ich nicht weiß, worum es geht?«

»Am besten, du setzt dich mal hin.«

»Andreas, du machst mir Angst. Sag mir sofort, was los ist.«

»Setz dich.«

Da setzte ich mich wirklich und merkte, wie meine Hände zu schwitzen begannen.

»Carola. Du weißt ja, Jasmin und ich …«

Ich kannte diesen Tonfall. Andreas hatte wegen irgendetwas ein kolossal schlechtes Gewissen und traute sich nicht raus mit der Sprache. Jasmin war doch wohl nicht schwanger?

»Spuck's aus, Andreas. Ich hasse dieses Geeier.«

»Also die Sache ist …« Ich hörte Andreas einmal tief durchatmen. »Jasmin hat in Hamburg einen neuen Job gefunden. Carola, Jasmin und ich brauchen die Wohnung. Du musst ausziehen.«

Pause.

Pause.

Pause.

»Was?«, sagte ich dann irgendwann, und ich weiß bis heute nicht, ob ich geschrien oder geflüstert habe. Wahrscheinlich geflüstert, sonst hätte Andreas was gesagt.

»Es tut mir leid, Carola, aber du musst dir eine neue Wohnung suchen. Wir setzen dich nicht unter Druck. Guck in Ruhe, aber spätestens im August musst du leider ausziehen.« Er räusperte sich. »Ich meine, früher oder später wäre es ja eh gekommen …«

Was? Was redete er da? Mein vermögender Herr Fast-Ex-Mann schmiss mich gerade ganz freundlich und mit einem gigantischen Druck, wenn man sich die Wohnungssituation in Hamburg mal in Ruhe anschaute, aus meinem Nest? Aus den Räumen, in denen ich seit dreiundzwanzig Jahren, fast ein Vierteljahrhundert (!), atmete, in denen ich beide Kinder gestillt und jedes Jahr einen neuen Weihnachtsbaum geschmückt hatte, wo ich die Eichen vor dem Fenster hatte groß werden sehen? Wo ich jede Delle im Parkett und jeden Haken in der Wand mit der dazugehörigen Geschichte erklären konnte? Mein fremdvögelnder Ex, der seit Jahren den leichtesten und bequemsten Weg ging, schmiss mich mal eben so aus meinen vier Wänden zu einer Zeit, in der ich alle Kraft in eine neue Ausbildung steckte, weil er selbst mich gerade erst aus dem

Job gekickt hatte. Immerhin war ich emotional stark belastet und gerade dabei, alles neu zu sortieren. Und da sollte ich nun aus der Wohnung raus? Das wagte er, nur weil Jasmin ihren Karriereschritt ganz bequem von *meiner* Wohnung aus tun wollte? Ich war fassungslos, fühlte mich erniedrigt und wertlos Stufe fünftausend, konnte keinen klaren Gedanken fassen und drückte Andreas deshalb auch einfach grußlos weg. Als er es erneut versuchte, stellte ich das Handy auf stumm.

Es gibt Nachrichten, die muss man erst mal sacken lassen, bevor man sie überhaupt fassen und in ihrem ganzen Ausmaß begreifen kann. Und bis es so weit war, holte ich mir erst mal einen Schnaps.

Ich mochte ja mit meiner Schildbürgerschläue bislang ganz gut gefahren sein, aber das hier, das war jetzt wirklich ernst. Da wusste ich wirklich nicht, was als Nächstes zu tun war. Deswegen auch erst mal der Schnaps. In so einer Situation war selbst Gwendy keine Option. Und ohnehin war ich in einer halben Stunde mit Pia verabredet. Es war ja Mittwoch.

Ich trank das braune Zeug direkt aus der Flasche, hustete einmal kurz und googelte parallel sofort auf den Immobilienportalen nach Zweizimmerwohnungen in Winterhude, bis achthundert Euro kalt. Treffer: null. Bis neunhundert Euro. Treffer: zwei. Ich öffnete die Angebote und sah so Zeug wie: rote Klinker, dreiundfünfzig Quadratmeter, Billig-Einbauküche, Duschbad, Laminatboden, Hochparterre. Ich drückte die Angebote weg und nahm zwei kräftige Schlucke.

Nur mal kurz zur Erläuterung: Ich befand mich gerade in einer hundertfünfzig Quadratmeter großen Altbauwohnung im dritten Stock in feinster Downtown-Winterhude-Lage mit zwei Balkonen, Süden und Osten, einem Gäste-WC, einem Vollbad, vier Zimmern, von denen drei zugegebenermaßen ziemlich verwaist waren, seit die Kinder und dann auch Andreas mitsamt Arbeitszimmer ausgezogen waren. Die Wohnung hatte

Andreas vor dreiundzwanzig Jahren gekauft, natürlich hatte sie nur Andreas gekauft und ich hatte sie geputzt! Dreiundzwanzig Jahre lang. Und das sollte jetzt vorbei sein? Wie sollte ich denn innerhalb von drei Monaten eine neue halbwegs vergleichbare Bleibe hier in meinem Kiez finden? Danach wäre es eh vorbei, denn mit einer Arbeitslosengeldbescheinigung brauchte man heute niemandem zu kommen. Genauso wenig wie mit »Beruf: selbstständig«. Vermieter waren wirklich die konservativsten Idioten unter der Sonne! Als ob eine Festanstellung heute noch irgendeine Sicherheit böte! Und als ob nicht jeder, wirklich jeder, als Erstes dafür sorgte, seine Miete pünktlich zu zahlen, denn: Wer wollte schon unter einer Brücke schlafen? Eben, ich auch nicht! Aber hieß das jetzt, ich müsste nach Jenfeld ziehen oder nach Uelzen, um mir ein Dach über dem Kopf leisten zu können? Ich merkte, wie Tränen der Verzweiflung in mir hochstiegen! Ich wollte hier nicht weg. Ich wollte in meiner Wohnung bleiben.

Was sollte ich nur machen? Was sollte ich nur machen? Dass ich ein Auskommen, einen guten Tagessatz hatte, das vergaß ich gerade und es war mir auch ganz egal. Mir ging es schlecht, schlecht, schlecht. Ich wollte in meiner Wohnung bleiben!

Feinmotorisch nicht mehr ganz so treffsicher öffnete ich schließlich Skype. Pia ging sofort ran.

»Hi Mom, wie geht's … Sag mal, wie siehst du denn aus? Ist was passiert?«

»Pia«, rief ich und mein Kopf trudelte ein bisschen hin und her. »Pia, Schatz, dein Vater schmeißt mich raus.«

»Was? Ich hab dich nicht verstanden. Auf was scheißt er?«

Ich fing an, haltlos zu schluchzen: »Er schmeißt mich raus, Pia, aus unserem Zuhause. Er kündigt mir wegen Eigenbedarf, weil seine Trulla die Wohnung haben will. Er verlangt von mir, dass ich umziehe. Aber wo soll ich denn hin? Find mal eine ähnliche Wohnung und krieg sie! Und woanders kann ich das

Studium vielleicht gar nicht fortsetzen. Hier geht das Internet und alles«, fuhr ich theatralisch fort, so als wollte man mich in der Tundra auswildern. »Wie soll ich das denn bloß machen?«

»Ach du Scheiße. Was für ein mieses Arschloch.«

Ich sah ihrem Gesicht an, dass sie aufrichtig empört war. Trotzdem: »Bitte nicht in dem Ton! Er ist immer noch dein Vater!« Noch immer bemüht, eine gute Scheidungsmutter zu sein … Wie doof konnte man sein!

»Aber Mama, das kann er doch nicht machen. Du lebst da, seit ich dich kenne! Dann soll er dir eben eine kleine Wohnung kaufen. Er kann dich doch nicht einfach so auf die Straße setzen.«

Bei ihren Worten kamen mir die drastischsten Bilder in den Sinn und ich brach erneut in Tränen aus. Ich sah mich schon mit schlechten Zähnen und zerrissenen Plastiktüten selbst einen Einkaufswagen durchs Quartier schieben. Oh nein … Das war alles so furchtbar. Ich nahm einen Schluck.

»Trinkst du etwa?«

»Natürlich trinke ich. Was würdest du denn tun?«

Da grinste Pia schon so komisch. »Weißt du was, Mama? Du vergisst das heute mit der Wohnung. Da wird sich schon eine Lösung finden. Warte mal ab. Vielleicht solltest du das zum Anlass nehmen, mich endlich mal hier in Aussieland zu besuchen, denn Mama … entschuldige, wenn das jetzt vielleicht etwas unpassend kommt, aber: Du wirst im September Oma.«

Khhr-haaa khhr-haaa khhr-haaa.

Das war meine Atmung. Ich bekam ganz schlecht Luft gerade. Und das hörte sich in etwa so an, als sei ich auf dem glitschigen Hallenbadfußboden ausgerutscht und volle Kanne auf dem Rücken gelandet. Wer das kennt, weiß, wovon ich spreche. Akute Atemnot war die Folge.

»Mama, Mama, ist alles okay?«

»Siehhht dasss so *khhr-haaa* aus, als ob alles okay wär?«

»Mama, glaub mir, es wird alles gut. Auch mit der Wohnung. Aber ist das nicht toll, dass ich ein Baby bekomme?«

Was sollte ich sagen? Selbst mit Luft. Nur noch mal zur Erinnerung: Bis vor einer Stunde war meine neue Welt vollkommen in Ordnung gewesen: Ich hatte einen Neustart gewagt und alles deutete darauf hin, dass ich unverhofft neue Menschen kennenlernte, die mir halfen, meinen Weg zu gehen, und mich menschlich und beruflich in ihr Leben einbezogen.

Vor neunundfünfzig Minuten jedoch hatte das Schicksal alle Register gezogen und mir mit voller Wucht in den Magen gehauen. Und zwar nicht ein Mal, sondern gleich zwei Mal. Selbst wenn Pia mich mit ihrer Nachricht nicht niederstrecken wollte und ich mich irgendwann auch mal darüber freuen würde: Im Moment, in diesem Moment, war ich eine in der Ausbildung befindliche obdachlose Oma, die noch bei der Bundesagentur für Arbeit als arbeitssuchend gemeldet war.

Und das Folgende meine ich und sage es allen, die ebenfalls in ihrer jugendlichen Reife entscheiden, noch mal von vorn anzufangen: Egal was passiert, manches davon wird euch krass und fies erscheinen. Unüberwindlich geradezu. Und dann habt ihr die Wahl zwischen zwei Pappen. Auf der einen steht: liegen bleiben. Auf der anderen: Krönchen richten, weitermachen.

Ihr könnt ja zum Spaß schon mal ausprobieren, auf welcher ihr euch wohler fühlt.

Allein dadurch, dass ich mir das vorstellte, wusste ich, auf welche ich gehörte. Und da bekam ich dann auch wieder Luft und war mit einem Schlag stocknüchtern. »Pia, ich kenne noch nicht mal den Vater des Kindes, wahrscheinlich noch nicht einmal seinen Namen. Und wie stellst du dir das vor? Willst du jetzt ganz in Australien bleiben? Als Aushilfstierpflegerin? Da sind so viele Fragen. Wie soll ich mich da heute aus dem Stand direkt freuen? Sorry …«

»Er heißt David«, sagte Pia. Ich sah ihr an, dass sie sich mehr Enthusiasmus meinerseits gewünscht hätte, aber ganz ehrlich …

»Pia, mein Schatz, gib mir zwei Tage, dann freue ich mich auch. Heute … heute ist das alles etwas viel auf einmal.«

Sie nickte. »Komm echt mal her, Mama. David hat hier eine wunderschöne Farm. Er freut sich total auf das Baby. Ich glaube, er ist der Richtige …«

Ich spürte, wie mir warm ums Herz wurde. Vielleicht hatte meine Tochter ja recht: Worum ging es denn im Leben, wenn nicht um Liebe? Und gerade Pia war immer so auf der Suche gewesen. Man denkt immer, dass man sein berufliches Zuhause sucht. In Wahrheit aber suchen wir doch alle eine Heimat für unser Herz.

Ich musste schlucken. War ich vielleicht die ganze Zeit doch auf dem Holzweg gewesen? Hätte ich mich erst um die Liebe und dann um das Brot kümmern sollen? Doch das war Quatsch. Pia hatte sie ja auch nicht gesucht. Sie hatte sie offenbar einfach gefunden, als sie sich auf den Weg gemacht hatte. Ihren Weg.

»Das klingt alles ganz wunderbar, mein Schatz, wirklich. Aber ich würde jetzt gern auflegen. Wir reden die Tage noch mal, ja? Vielleicht kannst du deinen David ja dann mal dazuholen, hm?«

Pia lachte. »Alles klar, Mom. Wir hören. Und überleg dir das mit dem Besuch. Es würde dir guttun, glaub mir.«

Als wir aufgelegt hatten, rief ich sofort bei Gwendy an. Ihr Anrufbeantworter sprang direkt an. »Gwendy, es ist etwas Furchtbares passiert! Nimm sofort ab. Ich weiß, dass du da bist, und es ist mir egal, ob du grade meditierst oder an der Staffelei stehst. Nimm ab, jetzt. Sofort!«

»Was ist denn mit dir los? Mein Gott, brennt das Haus? Soll ich die Feuerwehr rufen?« Ein Glück, sie war wirklich zu Hause!

»Gwendy, ich werde eine obdachlose Oma und bin in zehn Minuten bei dir.« Dann legte ich auf.

Ich wusste genau, dass Gwendy jetzt fünfundsechzig Kerzen anmachte, die Wohnung einmal mit Zedernholz und Drachenblut durchräucherte und eine Flasche Rotwein auf den Tisch stellte und zwei Gläser direkt darunter deponierte, weil wir gern beim Weintrinken auf dem Boden saßen. Vielleicht hatte sie auch das Tarotkartenset schon bereitgelegt. Wahrscheinlich jedoch nicht.

25 Ein Rückschlag

Schon als sie die Tür aufmachte, sah ich diesen halb strafenden, halb nachsichtigen Blick. *Also wirklich, Carola wieder. Diese Dramen!,* hieß der wohl …

Aber das war mir jetzt egal. Sollte sie doch denken, was sie wollte. Warum musste Gwendy eigentlich immer so gucken, als hätte sie das Wort Weltfrieden erfunden und ich würde alles überdramatisieren?

Ich raste ins Wohnzimmer, in dem alles abgedunkelt war. Vorhänge zu, Räucherkerze an. Klar. Und die silbernen Untersetzer von ihrer Uroma, die mit dem schönen Familienwappen drauf, hatte sie auch hingelegt, von der bereits geöffneten Rotweinflasche mit umgebundener Serviette ganz zu schweigen. Selbstredend war die Flasche schon geöffnet, damit der Barolo atmen konnte. Viel Zeit würde er dafür nicht mehr haben, das war wohl klar.

Ich ließ mich aufs Sofa plumpsen und starrte auf den silbernen Kandelaber, in dem Kerzen brannten und ein wohliges Licht verbreiteten. Ein netter Freundinnenabend, hätte man denken können. Man trifft sich zum Plaudern und Lästern und Trinken und alles ist gut.

Gwendy kam mir hinterher und fummelte an ihrer uralten Stereoanlage herum. Natürlich Rachmaninow. Klavierkonzert Nr. 3 in d-Moll.

Ich begann leise zu weinen. Gwendy genoss noch einen Moment die Ruhe des Klavierstücks, denn sie wusste: Gleich war es vorbei.

»Also …« Gwendy setzte sich und legte ihre Hände in den Schoß wie jemand, der buddhistisch angehaucht ist.

Ich derweil war völlig verzweifelt, ich war am Ende. »Was guckst du denn so komisch? Und nimm das Tuch von der Weinflasche!« Anklagend deutete ich auf das mit bunten Kringeln bemalte Tuch, das Gwendy sicher wieder von einem ihrer Künstlerfreunde bekommen hatte. Als Erinnerung an sonst was. Weg damit! Das war mir zu grell. Ich brauchte es schlichter.

Gwendy runzelte die Stirn. »Ich guck doch gar nicht komisch. Aber ist bei dir alles in Ordnung? Brauchst du Hilfe?«, fragte sie mich dann.

»Nein, also ja, vielleicht anwaltliche. Nachdem ich Andreas umgebracht habe. Mit einem abgeschlagenen Flaschenhals.« Ich deutete auf den Wein. »Gieß ein.«

Gwendy tat sofort, was ich sagte. Ich vermutete, sie brauchte selbst einen Schluck.

»Was willst du denn eigentlich? Ich habe den Wein entkorkt, die Kerzen wunderschön arrangiert und Kisslein drapiert, damit du dich wohlfühlst.«

»Was nützt mir denn eine Kerze. Ich bin bald eine obdachlose Oma!«, heulte ich nun richtig los und Gwendy verstand gar nichts mehr.

»Jetzt beruhig dich erst mal.«

Ich setzte die Weinflasche an, die glänzenden Gläser ignorierend. Dann sah ich mich in Gwendys Wohnung um. »Wie lange wohnst du schon hier? Ein Jahr oder doch schon zwei?«

»Irgendwas dazwischen. Also, warum wirst du eine obdachlose Oma?«

Ich hatte nun ein Taschentuch gefunden und schnäuzte mich so laut, dass es sich so anhörte, als sei ein Grizzly in einen Topf mit kochendem Wasser gefallen. Das war mir aber egal. »Andreas schmeißt mich raus. Aus unserer, aus meiner Wohnung, in der ich seit dreiundzwanzig Jahren jede Ritze kenne, weil ich sie selbst geschrubbt habe, verstehst du? Um mit seiner dämlichen Kuh da einzuziehen.«

»Diese Minderjährige?«, fragte Gwendy entsetzt.

Ich nickte und schüttelte dann den Kopf. Sie war ja schon über zwanzig. »Die Dame hat hier einen Job gefunden. Und ich soll ausziehen.« Nun schluchzte ich erneut los.

»Und deswegen alterst du dann schneller?«, fragte Gwendy und ich sah sie entgeistert an.

»Was? Habe ich etwa schon mehr Falten als vorher?«

»Nein«, sagte Gwendy schnell, wahrscheinlich um einer weiteren Katastrophe Einhalt zu gebieten. »Ich meinte das wegen der Oma.«

»Ach so.« Diese Tatsache hatte ich kurzzeitig vergessen. »Pia bekommt ein Kind. Mit einem Wilden in Australien.«

»Mit einem Aborigine?«, fragte Gwendy fast ehrfürchtig. So einen hatte sie wahrscheinlich noch nicht im Bett gehabt.

»Weiß ich nicht. Sie hat ihn mir noch nicht vorgestellt.«

»Was macht der denn beruflich?«

Ich wusste, was Gwendy jetzt dachte: Vor ihrem inneren Auge sah sie den Wilden im Abendrot des Ayers Rock didgeridooblasend sein Geld verdienen oder mit selbst getöpferten Tonkrügen, die er mit magischen Symbolen bemalt hatte. »Der macht in Koalas.« Ich war außer mir. »Ein Koalamann schwängert meine Tochter. Und sie sagt auch noch, sie glaubt, er sei der Richtige.«

»Das ist doch nachhaltig und absolut lobenswert«, sagte Gwendy beruhigend. »Was macht er denn mit den Koalas genau?«

»So eine Station, was weiß denn ich. Wenn Pia jetzt wegen diesem David in Australien bleibt, werde ich sie nie mehr wiedersehen!« Ich fing schon wieder an zu heulen.

»Warum denn nicht?«

»Weil ich mir keinen Flug mehr leisten kann. Nichts. Weil ich dann obdachlos bin.« Wieder schnäuzte ich mich, diesmal hörte es sich möglicherweise so an, als würde eine Horde Wasserbüffel auf einmal brüllend in eine Schlucht stürzen.

»Nun mal langsam«, sagte Gwendy und tätschelte meinen Arm. »Also, erst mal kann Andreas dich nicht einfach aus der Wohnung werfen.«

»Es ist aber seine«, jammerte ich.

»Trotzdem. So einfach geht das nicht.«

»Warum geht das nicht?« Ich sah meine Freundin tränenverschleiert an.

»Es müssen doch Fristen eingehalten werden.«

»Hat er ja. Ich hab noch ein paar Monate Zeit. Aber wie soll ich denn eine bezahlbare Wohnung finden in meiner Ecke?« Ich schlug die Hände vors Gesicht. »Ich werde vor dem Aldi oder dem Edeka hocken und einen Coffee-to-go-Becher hochhalten müssen in der Hoffnung, dass mich jemand erhört.«

»So weit lassen wir es nicht kommen«, erklärte Gwendy. »Weißt du was? Ich rede mal mit Andreas.«

»Du?« Nun war ich fassungslos. Und alarmiert. Gwendy und Andreas hatten sich noch nie leiden können. »Was willst du denn sagen? Warte mal, ich hab's! Du sagst, du wirst ein Buch über ihn schreiben! Ein Hassbuch, ja, das machst du auch. Da steht dann alles drin!«

»Ich bin keine Autorin. Eigentlich wollte ich …«

»Egal. Dann wirst du eben eine. Eine Frau erfindet sich mit über fünfzig neu und wird von ihrem Ex daran gehindert, der ihr nicht das Schwarze unterm Fingernagel gönnt. Und mit seiner neuen Tante in die alte Wohnung ziehen will, in der er schon mit seiner Frau und den beiden Kindern gewohnt hat. Aus dieser Wohnung eben will er sie vertreiben, in die Gosse!« Ich war total begeistert von meiner Idee und Gwendys neuem Berufsfeld. »Ja, rede mit ihm. Sag ihm, dass du auch schreibst, dass er die Wellensittiche damals hat wegfliegen lassen, weil er das Fenster aufgemacht hat, und die Kinder danach traumatisiert waren. Sag ihm, dass du schreibst, dass er nie einkaufen war, und gebügelt hab auch immer ich.« Nun kam ich in Fahrt. »Sag ihm dann auch, dass er eine Niete im Bett war und ich drei Mal beinahe ein Verhältnis hatte. Mit seinem besten Freund Lasse, mit einem Nachbarn und mit dem Postboten.«

»Mit Herrn Schnurgerecht?«

»Nein, ein anderer, aber es kam ja dann nicht dazu.« Ich war in meinem Element: »Also, das schreibst du dann. Und dann sag ihm auch gleich, dass er nicht glauben soll, dass ich ihm jemals was von dem heimlichen Konto erzählen werde.«

»Carola, jetzt …« Das war selbst für Gwendy zu viel. »Hast du denn so ein Konto?«

»Nein, natürlich nicht. Und dann sagst du ihm auch, dass du schreibst, dass ich in der Ehe sehr oft traurig war und zusammengebrochen bin, weil er so gemein zu mir war, das war … wie heißt das noch mal? Ach so, ja, seelische Grausamkeit. Weißt du noch, die Sache mit dem Spinat?«

»Nein. Außerdem …«

»Ich dachte, du wüsstest sie noch. Ich weiß sie auch nicht mehr. Jedenfalls war das seelische Grausamkeit mit dem Spinat. Unter anderem. Also, das wird gut. Red mit ihm, ja!« Ich war nun aufgestanden, stand kerzengerade da und wirkte mit Sicherheit wie ein gefährlicher Racheengel.

»Ich glaube nicht, dass das was nützt, Carola, außerdem ist es, glaube ich, kontraproduktiv, ihm von deinen Affären zu erzählen.«

»Ich hatte keine Affären! Und Hauptsache, ich kann in der Wohnung bleiben.«

Etwas mitleidig sah Gwendy mich an. Immer gab sie einem das Gefühl, dass Probleme überbewertet würden. Mann weg. Wohnung weg. Mitleidige Blicke von Gwendy. *Na und?*, sagten die.

»Dann werde ich halt ein Mietnomade«, sagte ich dann. »Oder ich begebe mich in den Hungerstreik. Irgendwas wird fruchten. Oder ich nehme so zu, dass man mich nicht mehr aus der Wohnung bekommt, dann bin ich dicker als dieser englische Mann, wegen dem man die Hauswand aufbrechen musste.«

»Jedenfalls verspreche ich dir, dass ich mit Andreas rede. Wir finden eine Lösung.«

»Wir könnten ihn umbringen lassen«, sagte ich nun lüstern. »Dann ist er tot.« Die Idee gefiel mir noch besser, als Andreas selbst umzubringen.

»Carola!«

»Lass uns mal auf den Kiez gehen oder nach Wilhelmsburg fahren, da gibt's bestimmt Leute, die das machen. Ha! Welch Ironie des Schicksals. Ein schneller Schnitt und die Kehle ist durchtrennt. Oder ein schneller Schuss und ruck, zuck ist Ruhe im Karton. Komm, lass uns fahren. Wir rufen ein Taxi und fahren zum Goldenen Strumpf auf den Hamburger Berg oder in den Alsterkeller. Da sitzen genügend Männer rum, die nichts gegen ein paar Euro extra haben.«

Nun hatte Gwendy offenbar genug. »Du fährst jetzt ganz sicher nirgendwo mehr hin. Ich räucher mal ein bisschen und du legst dich hin und schläfst 'ne Runde.«

»Ich bin eine wohnungslose Großmutter«, sagte ich verbittert, lümmelte mich aber schon der Länge nach auf die Couch, denn plötzlich war ich müde, einfach nur todmüde.

»Na also, geht doch«, sagte Gwendy. »Und nachher überlegen wir uns, wie wir Andreas wirklich beikommen können.«

»Echt jetzt?«, fragte ich schlaftrunken.

Gwendy nickte mit Nachdruck. »Wir berufen eine Krisensitzung ein. Dann lerne ich auch mal deine ganzen neuen Bekannten kennen.«

Ich warf meine Arme in die Luft. »Oh, bist du liiiiiieb!«

Kopfschüttelnd ging Gwendy aus dem Raum. Bestimmt Räucherzeug holen. Aber da sackte ich schon weg.

26 Freunde! Das Unverzichtbarste der Welt

Nach dem Gespräch mit Gwendy hatte sich an der Perspektive der obdachlosen Oma zwar noch nichts geändert, aber besser ging es mir natürlich trotzdem. Das lag zum einen am Schnaps und am Wein, die machten einen so angenehm duselig. Aber es lag natürlich auch an Gwendy, denn nach einem Gespräch mit einer Freundin geht es einem immer besser. Insofern, ihr lieben Neustarterinnen: Gebt acht auf eure Freundinnen! Pflegt sie besser als eure Aloe-vera-Pflanzen und eure Männer. Meistens überdauern sie beide.

Bei diesem Gedanken fiel mir komischerweise Ulrike wieder ein. Sie hatte sich ja tatsächlich nie zurückgemeldet. Noch bevor ich nach meinem Nickerchen mein Fahrrad bestieg, schrieb ich ihr schnell eine zweite WhatsApp:

> Alles okay bei dir? Ich höre ja gar nichts!

Und obwohl es schon nach Mitternacht war, wieder dasselbe Spiel: ein graues Häkchen, zwei graue Häkchen, zwei blaue Häkchen. Und Schweigen. Zum ersten Mal in all den Monaten beschlich mich der Gedanke, ob es wohl wirklich Menschen geben konnte, die nur mit einem befreundet waren, solange man ihnen nützlich sein konnte. Mich erschreckte diese Überlegung, weil sie mir völlig fremd war, aber mir fiel sonst einfach keine andere Erklärung ein. Ich würde sie trotzdem zu der von Gwendy beschlossenen Krisensitzung einladen, dann würde ich ja sehen, was passierte.

Denn das war unser Plan: Am Donnerstagabend würde ich all die neuen Mädels zusammentrommeln, die ich in den letzten Monaten kennengelernt hatte. Gwendy würde Spaghetti bolo machen und alle müssten sich gemeinsam überlegen, wie ich an bezahlbaren und halbwegs würdigen Wohnraum in Winterhude käme. Denn das war auch Teil des Planes: Ich würde so lange nicht weggehen und meine Wohnung Andreas und seiner Gespielin überlassen, bis ich was Neues hatte. Sollte er mich doch rausklagen. Dann müsste Eike mich eben vertreten und wir wären ein tolles Rosenkriegsdrama für die Presse!

Auf meiner Liste standen neben Gwendy: Kristina, Sybille, Jutta, Ina, Ursel und wie beschlossen Ulrike. Eva ließ ich raus. Mein Instinkt sagte mir, das würde nicht viel bringen (»Ach, das ist ja toll. Tapetenwechsel tut immer gut!«). Lange hatten wir auch überlegt, ob ich Peter und Heiko mit dazunehmen sollte. Heikos Vater hatte ja offenbar eine ganze Menge Immobilien. Ich entschied mich dagegen. Wenn das mit den Mädels nichts brachte, konnte ich die beiden immer noch involvieren. Oder zur Not in der Agentur schlafen.

Ich schrieb eine kurze Sammelmail mit dem folgenden Text:

> Ihr Lieben – Nottreffen am Donnerstag bei mir, hier die Adresse für alle, die sie nicht kennen: ... Grund: Mein Ex schmeißt mich aus der Wohnung, *meiner* Wohnung. Ich

brauche eine neue Bleibe und muss einen Plan schmieden. Bitte kommt um 19 Uhr. Meine Freundin Gwendy macht Spaghetti bolo. Es ist EXISTENZIELL! Gruß, Carola

Die Mail ging um 1.23 Uhr raus und ich verschwand danach sofort ins Bett. Am nächsten Morgen hatte ich um neun Uhr direkt einen Termin mit dem Auktionshaus Preuss. Aber darum musste ich mich nicht sorgen. Das lief wirklich super. Den Film hatten sie fast ohne Änderungswünsche abgenommen und wir lagen schon in den letzten Zügen mit dem neuen Webauftritt. Damit hätte ich mein erstes Projekt als Interimsmanagerin erfolgreich abgeschlossen. Das war aufregend und machte irre viel Spaß. Gäbe es dieses verflixte Wohnungsproblem nicht – alles wäre wunderbar gewesen.

* * *

Es kam, wie es kommen musste: Alle meine neuen Bekannten waren pünktlich um sieben bei mir. Ulrike nicht – sie hatte sich immer noch nicht gemeldet. Gwendy war eh schon seit sechs Uhr bei mir. Und alle hatten die Hände voll mit Blumen, Tiramisu, Salat, Wein, Sekt, ayurvedischem Tee, Ingwerplätzchen (erratet ihr, was von wem war …?).

Da die meisten sich untereinander nicht kannten, ging es zu wie im Taubenschlag und hörte sich ungefähr so an: »Kennst du Carola auch von der Mädels-Facebook-Gruppe?« – »Nein, sie ist mein Coach.« – »Ach was, deiner auch?« – »Nein, wieso? Wir wandern zusammen.« – »Und du bist eine Freundin von Pia?« – »Nein, ich bin Existenzgründerin und war mit Carola bei einem Seminar.« – »Bist du Gwendy?« – »Nein, ich bin Gwendy.« – »Ja, und ich bin Sybille. Carola hat mit gezeigt, wie ich Menschen gut versorgen kann.« – »Spannend. Wie denn?« – »Ich mache Cake Pops mit Kindern.« – »Ist das nicht zu süß?« – »Ja, die sind süß.« Und so weiter …

Nach dem Essen klopfte ich dann mit dem Löffel an ein Glas und begann: »Also, ihr habt es gelesen. Schaut euch um« – ich machte eine ausladende Handbewegung – »dies ist mein Zuhause! Seit mehr als dreiundzwanzig Jahren! Und das will mein Ex, der mich vor Kurzem wegen einer … einer … einer … einer halt hat sitzen lassen, mir nun nehmen!«

Empörtes Raunen machte die Runde: »Sauerei« – »Scheiß Männer« – »Als Frau würde ich das niemals mitmachen!« – »Was für ein Arschloch!« – »Die arme Carola!«

»Mein Ziel ist es, hier im Viertel zu bleiben und es in eine helle Zweizimmerwohnung mit mindestens zweiundfünfzig Quadratmetern zu schaffen. Mehr als achthundert kalt kann ich nicht bezahlen. Und auf dem freien Markt findest du solche Angebote nicht. Deshalb seid ihr jetzt dran: Ich möchte mit euch Ideen sammeln, wie ich es schaffe, so eine Butze zu finden, und ich wünsche mir, dass wir alle Quellen und Querverbindungen, die ihr vielleicht habt, mit einbeziehen. Wir sind hier zu siebt – schöne Zahl übrigens –, da wäre es doch gelacht, wenn wir nicht irgendwas auf die Beine stellen könnten. Was meint ihr?«

»Natürlich.« – »Unbedingt.« – »Dann aber mal los.«

»Wer von euch macht die Schriftführerin?«

»Ich mach das«, sagte Ursel spontan. »Ich hab Erfahrung im Protokollschreiben.«

Und so ging es los. Über zwei Stunden lang sammelten wir Punkte und versahen sie alle mit To-dos, Zeitzielen und Verantwortlichkeiten. Das war Ursels Idee und sie half ungemein.

Am Ende sah das ungefähr so aus:

Ergebnisprotokoll zur Maßnahme Wohnungsbeschaffung Carola

Kriterien: mind. 52 qm, Balkon, S/SW, sehr hell!!, Vollbad, max. 800 Euro kalt
Umsetzung: bis Juni
Teilnehmer: C, G, K, S, J, I, U (Kürzel siehe Fußnote)

1. Im Bekanntenkreis umhören – alle, bis übermorgen

2. Liste aller infrage kommenden sozialen Netzwerke googeln und posten – I sammelt, dann alle

3. Suchanzeigen in Wochenblättern aufgeben – C

4. Crowdfunding-Aktion ins Leben rufen – K recherchiert die Kriterien und berichtet in fünf Tagen

5. Laternenpfahlaktion – C formuliert, dann alle kleben (mind. 100 Stück nur in den Vierteln um Winterhude, abgeschl. in sieben Tagen)

6. Immomakler anschreiben – S (mit Foto!!), mind. 15, bis übermorgen

7. Gewerbefläche/Praxisräume mit Einliegerwohnungen recherchieren – J, asap

8. Negative Bewertungen über Andreas' Kanzlei posten – alle (außer C), ab morgen

9. Ergebnisse sammeln und nächstes Treffen organisieren – U, ongoing und asap

Ich fand, die Liste las sich extrem erbaulich, und bei dem Elan meiner Freundinnen hatte ich auch das Gefühl, dass irgendwas davon bestimmt klappen würde. Die eigentliche Bombe ließ dann aber Kristina platzen.

»Zur Not ziehst du in unsere Laube.«

Sechs Augenpaare richteten sich auf Kristina, die feuerrot anlief.

»Was?«, fragte ich.

»Unsere Laube. Wir haben am Goldbekufer doch eine Laube.«

»Du meinst aber nicht das kleine Fachwerkhaus am Kanal, das mit dem Wintergarten und dem ausgebauten Dachboden? Das mit der Minisauna und den Tiffanyscheiben im Bad? Das mit dem Wetterhahn oben auf dem Giebel und den Holzbalken im Wohnbereich und dem Ofen? Das meinst du nicht, oder?«, wollte Sybille etwas spitz wissen.

Gequält sah Kristina sich um. »Welches soll ich denn sonst meinen?«

Mein Herz fing an, etwas schneller zu schlagen. »So was habt ihr und darin dürfte man dauerhaft wohnen?«

»Ja, dürfte man.«

»Und warum hast du das nicht gleich gesagt?«, hakte Gwendy nach. »Damit hätten wir uns viele Punkte auf dieser Liste sparen können.«

»Es hat nur neunundvierzig Quadratmeter und da dachte ich … das ist doch zu klein! Und es hat keine Badewanne.«

Wenn ich Kristina jetzt nicht in den Arm nahm, würde sie in Tränen ausbrechen, dabei hatte sie es doch wirklich nur gut gemeint. Also stand ich auf und ging zu ihr. »Weißt du was: Das ist für den Notfall eine ganz wunderbare Option. Wir machen, was wir beschlossen haben, aber wenn das alles nichts nützt, dann ziehe ich erst mal in deine Laube, okay?«

Kristina nickte dankbar und die anderen hatten sich auch wieder beruhigt. Gemütlich aßen wir noch den letzten Rest des köstlichen Tiramisu und unterhielten uns bis spät in die Nacht.

Zwischendurch blickte ich einfach glücklich in die Runde und war so dankbar, dass das hier gerade passierte.

Wenn mir vor drei Monaten jemand erzählt hätte, dass ich schon bald mit sechs tollen Frauen in meiner Wohnung sitzen würde, weil mein Ex mir ebendiese Wohnung streitig machte, hätte ich ihm einen Vogel gezeigt und mich gekniffen, um aus diesem merkwürdigen Traum zu erwachen. Und doch war es genau so. Und – dies nur nebenbei, das Thema hatte ich in den letzten Wochen vollkommen vergessen: Dieses ganze Neue stand mir ganz gut, fand ich. Obwohl ich nicht so regelmäßig zum Sport ging, wie ich es mir vorgenommen hatte, saßen die Hosen lockerer und mein Teint war frischer. Zwei Kilo hatte ich bestimmt abgenommen, schätzte ich. Und das mit dem Botox verschob ich getrost auf wenn ich alt bin. Heute brauchte ich es jedenfalls nicht.

27 Ich schliesse eine Ausbildung ab

Wieder waren die Wochen ins Land gegangen, ohne dass es mir richtig aufgefallen wäre. Andreas hatte mir ein paarmal erbost auf die Mailbox gesprochen. Die negativen Bewertungen zeigten offenbar Wirkung. Sei's drum! Es war mir scheißegal. Ich ging ganz normal meinem Alltag nach, der vor allem aus dem Interimsmanagement bei movedmotion bestand.

Und ich hatte Peter auch nicht gefragt, ob er ein Bier mit mir trinken gehen wollte. Ich hatte schlicht nicht dran gedacht. Auch mit dem Gründungszuschuss sollte ich mich vielleicht mal beschäftigen, aber mir graute etwas vor den ganzen Formalien und dem Businessplan, den ich dafür anfertigen musste. Und deswegen schob ich auch das vor mir her und wollte gute Argumente sammeln, die mich beflügelten. Eins dieser guten Argumente kam am Mittwoch, dem 3. Juli, in einem blütenweißen DIN-A4-Umschlag durch meinen Briefkastenschlitz gesegelt. Mit klopfendem Herzen erkannte ich den Absenderstempel und für einen kurzen Moment schloss ich die Augen. Ich hatte zuletzt nicht mehr viel Aufhebens darum gemacht, aber natürlich war kein Tag vergangen, an dem ich nicht meine Lerneinheiten durchgeackert, die Onlineworkshops besucht und die Unit-Prüfungen absolviert hätte. Die Präsenzseminare und die Supervision konnte ich auch im kommenden Jahr noch nachholen, weil sie nicht Voraussetzung für den Abschluss waren. So hatte ich also klammheimlich in Rekordzeit den zertifizierten Life- und Businesscoach gemacht, und mit zittrigen Händen öffnete ich den Umschlag, in dem ich meine Urkunde erahnte. Ehrfürchtig zog ich mit meinen Fingern, über die ich schnell meine Strickjackenärmel gezogen hatte, damit ich den weißen Karton nicht womöglich gleich einsaute, das Dokument heraus. Und in der Tat, da stand es: Carola Lustig, geboren am … hat am AZAV-zertifizierten Fernstudiengang zum

Life- und Businesscoach

teilgenommen und alle Module mit Auszeichnung abgeschlossen. *Mit Auszeichnung!* Das durfte ruhig mal betont werden!

Ob nun geschützter Titel oder nicht (war er ja nicht), ich durfte mich jetzt dennoch mit gutem Recht Life- und Businesscoach nennen. Wahnsinn! Ich konnte es selbst kaum fassen. Wenn ich künftig Kristina, Sybille, Jutta oder selbst Heiko ein bisschen auf die Sprünge half, dann hatte ich jetzt eine fachliche Legitimation dafür und eine Preisliste dahinter, die sich quasi organisch daraus ergab. Was genau ich damit anstellen würde oder ob ich dauerhaft im Management bei movedmotion bleiben würde – nun, das würde sich zeigen. Aber zunächst einmal hatte ich nach außen hin sichtbar und für jeden deutlich zu erkennen eine bescheinigte Expertise in der Beratungsindustrie. Irre!

Und damit, so fand ich, marschierte es sich bedeutend leichtfüßiger zur Bundesagentur für Arbeit. Und nächste Woche oder so würde ich das auch wirklich tun. Ich hatte noch den ganzen Juli Zeit. Mehr dann aber auch nicht. Spätestens am 1. August, meinem ersten offiziellen Tag ohne Anstellung, musste ich dort ein zweites Mal auf der Matte stehen. Sonst würde ich meinen Anspruch verlieren. Und dann war da noch die Sache mit dem Gründungszuschuss.

Nun ja. Gestärkt durch dieses Dokument fand ich, ich müsste nun langsam die Sache mit Nikolas Krause zu einem Ende bringen. Wir hatten inzwischen ein paarmal hin- und hergesimst und ich war mir inzwischen ziemlich sicher, dass er wirklich Hilfe benötigte. Krause hatte schon immer Probleme mit dem Vertrieb gehabt, die er aber nie angepackt hatte, letztendlich, weil er Teil des Problems war: Immer, wenn sein Vertriebsleiter eine Kampagne anstieß, warf er sie drei Tage später wieder um, wenn sie nicht sofort sichtbaren Erfolg brachte. Das hatte immer für Frust gesorgt und irgendwann hatte sich keiner mehr richtig Mühe gegeben. Die Eskalation war nur eine Frage der Zeit.

Und immerhin hatte ich ihn ja zuerst angerufen. Also schrieb ich:

RE: deine Anrufe

Lieber Nikolas,

jetzt aber doch endlich mal mit etwas mehr Ruhe: Vielen Dank für deine diversen Anrufe, die ich leider nicht annehmen konnte, da auch ich ziemlich viel um die Ohren habe. Ihr aber so kurz vor Markteinführung des Süßkartoffelstampfers offenbar auch.

Dennoch scheint dir etwas auf dem Herzen zu liegen, und ich vermute, es hat mit möglichen vertrieblichen Problemen zu tun. Über die hatten wir früher ja schon häufiger gesprochen, und genau deswegen habe ich dich neulich auch angerufen, denn ich habe einen Organisationsentwickler kennengelernt, der kurz in Hamburg war, jetzt aber eine Dozentur in Harvard angenommen hat und in absehbarer Zeit nicht mehr nach Deutschland kommen wird. Er hat mir wunderbare Unterlagen zum Thema vertriebliche Prozessoptimierung überlassen, die blöderweise neulich bei den schweren Regengüssen total nass geworden sind, da das Dach meines Cabrios nicht dicht ist und ich sie auf dem Beifahrersitz vergessen hatte. So ein Scheiß, sage ich dir! Das tut mir total leid, denn damit hätte ich dir womöglich helfen können, aber ich könnte dir anbieten, dass wir beide uns mal auf ein Bier treffen, denn Mark – so heißt der Spezi, der jetzt in den USA ist – hat ja meinen Organisationsentwicklungsplan mit in sein strategisches Konzept aufgenommen, was vermutlich einen Teil seines Erfolgs drüben begründet, soll heißen: Wir haben sehr eng zusammengearbeitet und vielleicht kann ja auch ich dir ein wenig weiterhelfen.

Zwar bin auch ich wie erwähnt recht eingespannt, aber alte Weggefährten lässt man schließlich nicht hängen, oder? *Zwinker*.

Melde dich, wenn es passt,

Carola

Ich hatte die Mail gefühlt noch nicht mal gesendet, da kam postwendend die Antwort:

REAw: deine Anrufe

Klar. Wann? Heute?

Ich ließ den Cursor blinken und dachte eine Weile nach. Nikolas mochte in Schwierigkeiten stecken. Ganz sicher tat er das. Aber nicht, weil es der Firma so schlecht ging, sondern eher, weil er so ein dermaßen eitler Chef war, dass er seinen Laden nicht im Griff hatte. Ich kannte ihn lange genug, um das beurteilen zu können.

Es war anders gelagert, aber in gewisser Weise war es doch auch wie bei movedmotion: Immer fängt der Fisch vom Kopf an zu stinken. Heiko war wenigstens nett und aus Leidenschaft ein schlechter Chef. Nikolas war ein schlechter Chef, weil er einfach blöd war und nur an sich dachte. Aber dem konnte man beikommen, und ich hoffte, Peter würde endlich mit mir das Bier trinken gehen. Denn darauf basierte mein neuer Plan:

REAwAw: deine Anrufe

Es passt eigentlich nicht, aber ja. Sei um 20.00 Uhr im George Hotel. Ich bringe unseren Strategieexperten mit.

Gruß, C.

REAwAwAw: deine Anrufe

Super, danke. Bin da und wir stoßen auf Harvard an.

N.

Ich verstand nicht genau, was das sollte, aber es war auch egal. Jetzt musste ich Peter ins Boot holen. Jetzt sofort. Dringend!

Peter hatte nicht groß nachgefragt. Er war eigentlich nach meinen zwei Stichworten sofort einverstanden gewesen. »Es ist ein alter Geschäftskontakt«, hatte ich ihm gesagt, »jemand, der mich vermutlich für blöd hält.«

Peter hatte gelächelt und nur eine Frage für zwei Antworten gestellt: »Wann und wo?«

Und so saßen wir pünktlich um kurz vor acht in der Bar des George, eines ausnehmend schönen Hotels übrigens, rührten in unserem Gin Tonic (Peter) und Virgin Mojito (ich). Ich hatte mich zurechtgemacht an dem Abend: Maske, Peeling, Bodylotion, Make-up, Mascara, Kajal, Rouge, Dior-rote Lippen mit unsichtbarem Konturenstift, damit die Mundfalten den Lippenstift nicht rissig aussehen ließen, teures Parfum, enge Leggings, langes enges schwarzes Kleid, Stiefel. Ich glaube, ich sah gut aus und ich roch auch so.

Peter schien das zur Kenntnis zu nehmen. Immerhin fragte er: »Ist das jetzt unser Bier-Date?«

Ich neigte den Kopf zur Seite und grinste verschmitzt. »Vielleicht später. Ich wäre dabei schon ganz gern mit dir allein«, sagte ich und bedeutete mit einem leichten Kopfnicken, dass Nikolas auf dem Weg zu uns war.

»Der?«, fragte Peter und hob seine Brauen.

Ich stand auf und lächelte breit. »Darf ich vorstellen? Nikolas Krause, Geschäftsführer von Landmaschinen Krause. Hallo, Nikolas.« Mit Blick zu Peter fuhr ich fort: »Dr. Peter Schulz, Finanzökonom und mein Partner.« Ich spürte, wie ich rot wurde. »Geschäftlich.«

Wir setzten uns und Nikolas gelang es, direkt den falschen Ton anzuschlagen: »Na, Herr Dr. Schulz, angenehm, da setzen wir beide wohl aufs selbe Pferd, was? Die Carola ist ja eine ganz emsige Hummel. Haha …«

Ich fand das nicht komisch, sagte aber nichts. Ich überließ es Peter.

»Wussten Sie, Herr Krause, dass es der Wissenschaft noch nicht gelungen ist, den Flugmechanismus einer Hummel zu erforschen? Ihr Eigengewicht ist für die Gesetze der Aerodynamik einfach zu hoch, als dass sie – wissenschaftlich betrachtet – fliegen könnte. Und doch tut sie es. Erstaunlich, oder?«

Irritiert sah Nikolas ihn an. Er wollte ja nur einen Witz gemacht haben. »Ja, das ist sehr erstaunlich.«

»Womit können wir Ihnen denn helfen, wenn Sie uns schon so freundlich einladen?«

Peter. So souverän. So wahnsinnig sexy abgefuckt!!!

»Nun, was heißt helfen?«, meinte Nikolas und rutschte unbehaglich auf dem Stuhl hin und her. »Landmaschinen Krause ist Marktführer in der Landmaschinenproduktion. Und bei landwirtschaftlichen Nebenprodukten konnten wir uns ebenfalls einen Namen machen. Derzeit bereiten wir den Launch unseres Süßkartoffelstampfers vor. Wir sind gut aufgestellt und es bedarf in dem Sinne keiner Hilfe, wie Sie, Herr Dr. Schulz, es ausdrücken. Allenfalls Tipps. Für Tipps sind wir immer dankbar.«

Nikolas grinste und schwitzte. Ich glaubte ihm kein Wort.

Peter auch nicht. »Ah, verstehe, dann ist es wohl eine Fehlinformation, dass Ihr Unternehmen ein kurzfristiges Liquiditätsdarlehen in Höhe von anderthalb Millionen Euro aufnehmen wollte und von der Bank abgewiesen wurde?«

Nikolas wischte sich mit der Serviette den Schweiß von der Stirn. »Aber … woher …?«

»Wissen Sie, Herr Krause, ich bin ein großer Freund von direkten Worten.«

Oh, oh, … Peter!

»Sie stehen mit Ihrem Unternehmen kurz vor der Insolvenz. Sagen Sie jetzt nichts. Es ist so. Wir beide wissen das. Der Grund dafür liegt in der schlechten Qualitätskontrolle Ihrer Produkte.« Peter hob seine Hand, um Nikolas ruhig zu halten. Und mich. Woher nahm er das denn alles? »Sie hatten ein paar Regressansprüche zu bewältigen in der letzten Zeit. Und Sie zeichnen sich durch miserable Unternehmensführung aus. Frau Lustig«, jetzt zeigte er auf mich, »war diskret genug, das nicht auszuführen, aber ich weiß von mindestens fünf Ihrer fünfzehn Mitarbeiter, dass Sie lieber in den Puff gehen, als sich mit den tagesaktuellen Fragestellungen auseinanderzusetzen.«

»Peter!« Mir wurde hier sehr unbehaglich.

Nicht so Peter. »Möchten Sie mehr hören? Denn über mich sollten Sie wissen, dass ich NIE unvorbereitet in ein Meeting gehe. Ich habe natürlich recherchiert. Gründlich. Und ich habe überall meine Leute, die mir Infos geben. Die in Ihrem Fall auch wirklich leicht zu beschaffen sind. Dazu muss man kein Detektiv sein.«

Nikolas knetete schon seit geraumer Zeit seine Hände. Ich musste an seine Frau denken. Ging er wirklich in den Puff? Das war eklig. »Was wollen Sie denn von mir?«, fragte er schließlich kläglich.

Es schien, als ob Peter genau darauf gewartet hätte: »Ich biete Ihnen einen Deal an: Wir übernehmen die Schulden, Carola wird Interimsmanagerin und räumt mal so richtig auf. movedmotion erhält einundfünfzig Prozent der Anteile an Landmaschinen Krause, Sie sind für drei Monate beurlaubt und überlegen sich, ob Sie fremdficken oder Ihre Frau glücklich machen wollen, und dann treffen wir uns wieder. In drei Monaten.«

Ich war fassungslos.

Nikolas auch. »Sagen Sie mal, was bilden Sie sich eigentlich ein, Sie …«

»Carola.« Peter hatte sich erhoben und reichte mir die Hand. Was war das denn hier? »Wollen wir?«

Natürlich wollte ich. Aber wohin denn?

»Nein, nun bleiben Sie doch, nicht so stürmisch«, mischte Nikolas sich nun wieder ein.

Und so setzten wir uns wieder und die beiden wurden tatsächlich handelseinig.

Ob man es glaubte oder nicht, Nikolas überschrieb just an diesem Abend einundfünfzig Prozent seiner Firmenanteile auf Peter, den er nie zuvor in seinem Leben gesehen hatte. Offenbar hatte er diese Wirkung auf Menschen.

Auf mich ja auch.

Und als wir dann tatsächlich allein waren und ich auf einen samtweichen italienischen Rotwein umgeschwenkt war, machte er mit mir fast so weiter.

»Warum hast du uns nicht gesagt, dass du eine Wohnung suchst?«

»Was?« War das jetzt der Tag des Jüngsten Gerichts oder warum war das alles so ernst hier? Ich kam schon mit Peters Auftritt vor Nikolas nicht klar, und jetzt sollte es auch noch um mich gehen, oder was?

»Dein Ex schmeißt dich aus der Wohnung?«

Ich wurde unruhig. Und sauer. Das passte nicht zu meiner neuen zertifizierten Businesscoach-Interimsmanagerin-Rolle.

»Woher meinst du das alles eigentlich zu wissen?«, fragte ich wütend.

Peter blieb ganz gelassen. »Ich habe wie gesagt so meine Quellen«, meinte er achselzuckend.

Ich überlegte fieberhaft. Aber letztendlich war es doch auch egal, solange es stimmte.

»Meine Mutter zieht in eine Seniorenpension in Blankenese.«

»Das tut mir leid«, erwiderte ich mittelmäßig interessiert. Ich war immer noch sauer.

»Muss es nicht. Sie hatte ein Probewohnen und fühlt sich sauwohl. Alles gut.«

»Aha.«

»Du schnallst es wirklich nicht, oder?«

»Was?«

»Meine Mutter zieht nach Blankenese!«

»Ja«, erwiderte ich ungehalten. »Das habe ich verstanden. Und?«

»Ihre Wohnung in der Geibelstraße wird frei.«

»Was?«

»Himmel, Carola, begreifst du es mal?« Peter funkelte mich an. Vor allem zog er meinen Kopf sehr dicht an seinen. Unsere Lippen berührten sich fast. Er hatte schöne Lippen. »Meine Mutter lebt in einer Dreizimmerwohnung im dritten Stock, ohne Fahrstuhl allerdings, West-Balkon, hundertzehn Quadratmeter für neunhundertzwanzig Euro. Winterhude. Du könntest dort einziehen!«

»Was?« Jetzt ging bei mir gar nichts mehr. Erst Nikolas, dann das Pflegeheim und nun Peters Lippen. Sorry. Da war kein Platz mehr für eine Wohnung. »Küss mich!«

Und das tat er. Er mich. Ich ihn. Wir uns.

Das war vielleicht schön! Und es war erst der Anfang.

Ich sag jetzt nicht, was alles passiert ist, nachdem wir bei mir angekommen waren. Gwendy würde es mir erst nicht glauben und dann platzen vor Stolz. Und ich weiß auch genau, was sie mir sagen würde, so richtig furztrocken: »Dein Neuanfang steht dir gut. Die Ausbildung ist vielleicht etwas spießig, aber was würde aus uns, wenn du so wärst wie ich. Das wäre doch langweilig.«

Vielleicht beim nächsten Termin bei Hans-Dieter doch Grace-Kelly-Blond.

Epilog und Schlusswort

So ging es los und so nahm es Gestalt an, mein neues Leben mit Patina.

Ich hatte viel gelernt, allem voran, dass alles anders kommt, als man denkt. Aber auch dass sich Wege auftun, dass sich Möglichkeiten an Stellen ergeben, an denen man nie damit gerechnet hätte. Dass es wichtig ist, mit offenem Visier durchs Leben zu gehen. Dass es unverzichtbar ist, an sich selbst und seine Chancen zu glauben!

Wie schwer fällt uns Frauen das immer wieder! Tatsächlich habe ich mich selbst im Zuge meiner Neuerfindung einmal zu Grabe tragen müssen: Ich musste von der Rolle der Ex in eine Rolle des Ich kommen. Ich musste mich an den Gedanken gewöhnen, dass ich noch nicht mal mehr Mutter war, denn meine Tochter war gerade schwanger im australischen Busch und mein Sohn war ohnehin er selbst.

Ich war in jeder Hinsicht zurückgeworfen auf mich selbst. Gefiel mir das? Nein, natürlich nicht. Ich wollte eine Rolle, ich wollte eine Bühne.

Und da stand ich zunächst: allein, ohnmächtig, verloren. Verlassen von meinem Mann wegen einer Jüngeren. So bitter klassisch.

Dem musste ich mich stellen, und das war hart. Und eigentlich wünsche ich es niemandem. Und dennoch habe ich danach so viel geschenkt bekommen, wie ich es mir gar nicht hätte vorstellen können.

Nach nur sechs Monaten meines neuen Lebens habe ich begriffen, wie schön es ist und wie schwer, bei sich zu bleiben. Auf seine Stärken zu setzen und sie auszubauen.

Wie schön es ist, Peters Lippen zu spüren und mit ihm zu lachen.

Ich habe ein Flugticket nach Brisbane in der Tasche und mir graut jetzt schon davor, aber ich würde den Vater meines Enkels gern vor der Geburt kennenlernen.

Ulrike hat sich nie gemeldet. Das ist mir jetzt aber auch egal.

Ich ziehe in die Geibelstraße und Peter hilft mir.

Und morgen gehe ich zur Bundesagentur für Arbeit und melde mich ab. Ich bin eine künftige Unternehmerin, findet ihr nicht auch?

Wieso künftig?

Danksagung

Carola

Danke, Gwendy, auch wenn ich es manchmal etwas gemein fand, was du so gesagt hast. Trotzdem bleibst du meine beste Freundin.

Gwendy

Danke. Gern geschehen. Hab dich auch lieb. Wir tel.